SARAH SCHOCKE

Veggie
FOR
MOMS

Schwangerschaft

Schwanger und Vegetarierin? In diesem Kapitel erfahren Sie, wie Sie sich und Ihr Kind optimal mit allen wichtigen Nährstoffen versorgen können, worauf Sie bei Ihrer Ernährung nun besonders achten sollten und was Sie gegen Übelkeit, Stress und Heißhungerattacken tun können. Die speziell für Schwangere entwickelten Rezepte machen es leicht, den Nährstoffbedarf zu decken – egal, ob Ihnen gerade nach einer herzhaften Hauptmahlzeit ist oder ob Sie Heißhunger auf Süßes haben.

Specials

Stillzeit

→ 64

Die Geburt ist glücklich überstanden und Sie freuen sich darauf, endlich wieder alles essen zu können. Doch nun bringt das Baby den gewohnten Tagesablauf erst einmal ganz schön durcheinander. Gesunde Mahlzeit? Vitalstoffreicher Snack? Zeit zum Kochen? Doch, das lässt sich machen! Mit den Tipps und Rezepten in diesem Kapitel können Sie der Stillzeit entspannt entgegensehen.

Specials

Liebe (werdende) MAMA,

wie schön, dass Sie mein Buch in Händen halten! Ich habe selbst zwei kleine Kinder und ernähre mich seit über 20 Jahren vegetarisch. Kochen und Essen sind im Leben meiner Familie sehr wichtig. Mein Mann und ich schreiben zusammen Kochbücher und unsere Kinder spielen meist in der Küche, dem zentralen Ort in unserem Zuhause. Als Ernährungswissenschaftlerin weiß ich theoretisch genau, worauf es beim Essen in der Schwangerschaft und Stillzeit ankommt, damit Mutter und Kind optimal versorgt sind. Als Mutter weiß ich aber auch: In der Schwangerschaft machen die Launen des Körpers den besten Vorsätzen oft einen Strich durch die Rechnung – und ist das Baby dann auf der Welt, dauert es eine Weile, bis sich der Alltag wieder eingespielt hat.

Dieses Buch ist sehr persönlich: Es enthält Rezepte für Schwangere und Stillende, die mein Fachwissen und meine eigenen Erfahrungen unter einen Hut bringen, in der Hoffnung, möglichst viele von Ihnen anzusprechen. Denn jede Schwangerschaft ist anders. Manche Frauen leiden unter starker Übelkeit, manche genießen jede Woche ohne Beschwerden. Neben der Übelkeit, die mich immer wieder quälte, habe ich in der zweiten Schwangerschaft meinen Geschmack verloren. Ich konnte nicht mehr kochen, nichts abschmecken, nichts probieren und nur ganz wenige Dinge essen: Nudeln, Pizza, Döner. Alles, von dem ich weiß, dass es wegen der enthaltenen Nährstoffe so wichtig für mich und mein Kind gewesen wäre, bekam ich nicht runter. Meine Ärztin erklärte mir, dass manche Frauen einen „Kindergeschmack" bekommen. Zum Glück hat sich dieser nach dem ersten Schwangerschaftsdrittel zurückgebildet. Bei den Rezepten für Schwangere gibt es deshalb „Kindergeschmack-Rezepte" ebenso wie auch nährstoffreiches Powerfood. Und im Stillzeit-Kapitel finden Sie neben Rezepten, die Mama und Baby mit allem Wichtigen versorgen, auch Soulfood, wenn die Nerven mal wieder blank liegen.

Ich habe mich bemüht, vor allem schnelle Gerichte zu entwickeln – schließlich wohnt nicht jeder so wie ich regelrecht in seiner Küche. Manche Rezepte brauchen aber auch etwas mehr Zeit, doch ich bin der Meinung: Es lohnt sich! Denn nur so ist es möglich, die ganze Palette an Lebensmitteln und Zubereitungsarten auszuschöpfen. Wenn Ihnen meine Rezepte gefallen und Ihr Baby gerade schläft, schauen Sie doch auch einmal auf meinem Blog vorbei: www.ganzundgarsaisonal.de. Ich wünsche Ihnen eine wunderschöne, entspannte Schwangerschaft und Stillzeit mit vielen kleinen und großen Glücksmomenten.

Ihre Sarah Schocke

SCHWANGER-SCHAFT

Is(s)t die Mama gesund, profitiert auch das Baby davon.
Deshalb müssen Veggie-Mütter aber während der Schwangerschaft nicht zu Fleisch und Fisch greifen. In diesem Kapitel
erfahren Sie, worauf es für Sie als Vegetarierin jetzt ankommt
und was Sie bei der Lebensmittelauswahl beachten sollten.
Mit diesem Wissen und vielen praxiserprobten Rezepten wird
es Ihnen nicht schwerfallen, sich und Ihr Kind optimal mit
allen wichtigen Nährstoffen zu versorgen.

Veggie-Ernährung für
♥ SCHWANGERE

*Wenn sie schwanger werden, fragen sich viele Vegetarierinnen: Ist meine
Ernährung denn auch gesund für mein Kind? Ja! Vorausgesetzt,
Sie wissen ein wenig Bescheid darüber, worauf Sie bei der Zusammensetzung
Ihres Speiseplans von nun an noch mehr achten sollten.*

Veggie ist nicht gleich Veggie

Es gibt verschiedene Formen des Vegetarismus: Ovo-lakto-Vegetarier genießen Eier und Milch, Lakto-Vegetarier essen dagegen keine Eier und Veganer verzichten komplett auf Milch und Eier sowie sämtliche tierische Produkte – dazu zählt auch Honig.

Dieses Buch baut auf einer ovo-lakto-vegetarischen Ernährung auf, da sich durch den Verzehr von Pflanzenkost und Lebensmitteln tierischen Ursprungs der Bedarf an Nährstoffen auch in Schwangerschaft und Stillzeit problemlos decken lässt. Eine ovo-lakto-vegetarische Ernährung ist unbedenklich und lässt sich mit wenig Basiswissen ohne zusätzliche Expertenhilfe problemlos im Alltag umsetzen. Sie müssen sich also keine Sorgen machen. Im Gegenteil: Wissenschaftliche Studien zeigen, dass Vegetarier mehr Ballaststoffe, sekundäre Pflanzenstoffe und ungesättigte Fettsäuren (das gute Fett) aufnehmen als Mischköstler. Und pflanzliche Kost enthält mehr Folsäure, die vor allem in der Anfangszeit der Schwan-

gerschaft wichtig für die gesunde Entwicklung des Babys ist. Auch viele andere Vitamine wie Vitamin B_1, C, E und Beta-Karotin (die Vorstufe von Vitamin A) sowie Mineralstoffe wie Magnesium, Kalium und Mangan kommen bei Vegetariern anders als bei so manchem Fleischesser reichlich auf den Tisch.

Von welchen Nährstoffen Sie als Schwangere jetzt mehr benötigen als sonst, sehen Sie in der Tabelle vorn im Buch auf einen Blick (siehe Klappe im Umschlag). Dort erfahren Sie auch, in welchen Lebensmitteln diese reichlich enthalten sind und wie Sie den Mehrbedarf decken können.

⸻⸻

Lakto-Vegetarierinnen und Veganerinnen sollten sich bezüglich ihrer Ernährung sorgfältig informieren und eng mit ihrem Arzt oder einem qualifizierten Ernährungsberater abstimmen, damit es nicht zu Nährstoffdefiziten und einer damit einhergehenden Gefährdung von Mutter und Kind kommt!

⸻⸻

Gut versorgt mit Veggie-Zutaten

Damit Sie und Ihr Baby optimal mit allen Nährstoffen versorgt sind, ist eine ausgewogene Ernährung wichtig. Folgendes sollte deshalb regelmäßig auf dem Speiseplan stehen:

• Obst , Gemüse und Kräuter

Sie liefern Vitamine, Mineralstoffe, sekundäre Pflanzenstoffe und Ballaststoffe satt. Je frischer die Ware, desto mehr Inhaltsstoffe bietet sie. Lagern Sie Obst, Gemüse und Kräuter deshalb nur kurze Zeit. Sie sind im Winter schwanger? Dann nehmen Sie Tiefkühlware. Und: Auch beim Kochen gehen Nährstoffe verloren. Knabbern Sie daher zwischendurch immer wieder gewaschenes (und geschältes) Obst und Gemüse.

• Nüsse, Kerne und Samen

Energie in Form von gesunden Fetten, dazu eine Portion Eiweiß sowie viele Vitamine und Mineralstoffe machen die kleinen Kraftpakete auch für Sie und Ihr Kind so wertvoll. Lein- und Rapsöl, Walnüsse und Chiasamen stellen die Versorgung mit Omega-3-Fettsäuren sicher, die wichtig für die Entwicklung von Gehirn und Netzhaut sind. Da Vegetarierinnen keinen Fisch essen, kommen diese Fettsäuren oft zu kurz.

• Getreide und Pseudogetreide

Weizen, Dinkel, Haferflocken, Quinoa, Amarant, Hirse und Co. liefern dem Körper Kohlenhydrate, Eiweiß, Mineralstoffe, Vitamine und Ballaststoffe. Je mehr Sie abwechseln, umso mehr profitieren Sie und Ihr Kind von der unterschiedlichen Zusammensetzung.

• Hülsenfrüchte

Linsen, Bohnen, Kichererbsen und Co. sind für Vegetarier vor allem als Eiweißlieferanten unentbehrlich. Doch auch zur Versorgung mit Mineralstoffen, Vitaminen und Ballaststoffen leisten sie einen guten Beitrag.

• Eier, Milch und Milchprodukte

Eier, Milch und Milchprodukte liefern Vegetariern nicht nur gut verwertbares tierisches Eiweiß, sondern auch Vitamin B$_{12}$.

STÜCK FÜR STÜCK WÄCHST DER BAUCH

Der Bauch wächst bei jeder Schwangeren anders. Ein Vergleich lohnt sich nicht, ist schlimmstenfalls sogar frustrierend für Sie, wenn Sie sich dann „mehr" oder „weniger" Bauch wünschen. In den ersten drei Monaten nehmen Sie vermutlich ein bis zwei Kilo zu. Leiden Sie unter starker Übelkeit, nehmen Sie vielleicht sogar ab. In den folgenden drei Monaten geht es Ihnen vermutlich gut und Sie genießen Ihre Schwangerschaft. Jetzt legen Sie auch an Gewicht zu, etwa zwei Kilo pro Monat. Im letzten Drittel nehmen Sie nochmals etwa fünf bis sechs Kilo zu. In der Regel bringen Schwangere dann zwischen zehn und 20 Kilo mehr auf die Waage. Machen Sie sich wegen zwei bis drei Kilo mehr nicht verrückt, vielleicht braucht Ihr Körper die für die Stillzeit. Ich habe schon nach acht Wochen Umstandshosen tragen müssen, im fünften Monat war mein Bauch riesig. Am Anfang ging es recht schnell, dann wuchs der Bauch nur noch langsam.

Es gibt kaum ein Thema, das eine schwangere so sehr beschäftigt wie ihr Gewicht. Auch ich bin immer mit einem mulmigen Gefühl auf die Waage gestiegen. Beim zweiten Mal wollte ich alles besser machen, mehr Sport, gesundes Essen, weniger Süßigkeiten – und ich habe genauso viel zugenommen wie in der ersten Schwangerschaft: 18 Kilo. Das ist scheinbar das Gewicht, das mein Körper braucht, um das Baby zu versorgen. Dadurch ähnelte ich nicht gerade den Hollywoodstars, die eine „Belly-only-Schwangerschaft" vorführen und acht Wochen nach der Geburt aussehen, als sei nichts gewesen. Nach acht Wochen habe ich nicht mal zwei Sit-ups geschafft. Aber auch bei mir gingen die Kilos wieder weg. Stillen, Bewegung, gesundes Essen: Eigentlich musste ich mich gar nicht besonders anstrengen, bis ich wieder in meine alte Kleidung gepasst habe – nur warten!

LIEBER NICHT FÜR ZWEI ESSEN

Dass Frauen mit fortschreitender Schwangerschaft an Gewicht zulegen, liegt in der Natur der Sache. Wenn Sie ausgewogen und gesund essen, müssen Sie sich darüber keine Sorgen machen. Sie müssen zunächst auch nicht mehr Kalorien zu sich nehmen. Ab dem vierten Monat benötigen Sie ein Plus an Vitaminen und Mineralstoffen (siehe Klappe vorn) und außerdem 250 Kilokalorien mehr am Tag. Das sind so viele, wie in einer halben Avocado stecken. Ab dem dritten Trimester benötigen Sie täglich 500 Kilokalorien mehr, das ist eine kleine Mahlzeit, etwa eine Kartoffelsuppe oder eine Portion Müsli mit Joghurt. Theoretisch klingt das alles ganz easy. Praktisch werden Sie aber vielleicht ebenso wie ich von den Hormonen überrascht, die für die Stillzeit vorsorgen und ein Polster anlegen wollen. Dennoch sollten Sie während der Schwangerschaft keinesfalls hungern oder Diät halten. Wenn Sie großen Hunger haben, essen Sie Suppe, machen Sie sich ein Brot, knabbern Sie Rohkost und seien Sie stets auf plötzliche Heißhungerattacken vorbereitet: also am besten immer eine gesunde Kleinigkeit zum Sofort-Essen parat haben, z. B. Bananenbrot (siehe Seite 17), einen Müsliriegel (siehe Seite 58) oder Brokkolisalat (siehe Seite 32).

Verzicht fürs Baby

Während der Schwangerschaft können Sie so ausgewogen essen wie bisher – bis auf einige Ausnahmen. Ihrem Baby zuliebe sollten Sie bestimmte Lebensmittel vorsichtshalber meiden. So minimieren Sie das Risiko, dass Ihr Kind schlimmstenfalls einen Schaden davonträgt. Dieser könnte durch eine Lebensmittelvergiftung entstehen, was zum Glück aber nur selten geschieht, da bei uns hohe Hygienestandards gelten. Machen Sie sich also nicht übermäßig verrückt, wenn Sie mal versehentlich Camembert oder Mousse au Chocolat gegessen haben!

Milch & Milchprodukte

Warum Vorsicht?

Rohmilch ist Milch, die nicht pasteurisiert, also erhitzt, wurde. Sie bietet Keimen einen idealen Nährboden, u. a. den Listerien. Diese verursachen eine Lebensmittelvergiftung (Listeriose) und schaden dem Baby. Da die Bakterien auf fast allen rohen Lebensmitteln vorkommen können, heißt es aufpassen. Weichkäse wie Brie, Camembert oder Limburger, Blauschimmelkäse, Handkäse, Harzer Roller, Käseaufschnitt, Rohmilch und kurz gereifter Rohmilchkäse sowie eingelegter Käse oder Frischkäse aus offenen Gefäßen wie Feta, Schafskäse und Mozzarella sind mögliche Quellen für Listerien, selbst wenn diese Käse aus pasteurisierter Milch hergestellt sind. Denn Listerien mögen das säurearme, feuchte Klima dieser Käsesorten.

Das geht!

Milchprodukte aus pasteurisierter Milch wie Joghurt, saure Sahne, Crème fraîche, Sahne, Quark, Ricotta, Butter, Hartkäse, Streichkäse, Hüttenkäse, Halloumi, Mascarpone sowie beim Hersteller abgepackten Frischkäse, Feta und Mozzarella können Sie problemlos essen. Ansonsten gilt: Listerien überstehen Temperaturen von über 70 °C nicht. Wurde ein Käse vollständig durcherhitzt, besteht keine Gefahr mehr. Backcamembert, Pizza, Gratins, Gorgonzolasauce oder Raclette können Sie also durchaus genießen. Entfernen Sie jedoch bei allen Käsesorten die Rinde. Auch lange gereifter Rohmilchkäse gilt als ungefährlich, da die Bakterien die Reifedauer nicht überleben. Alten Gouda und lange gereiften Bergkäse können Sie also aufs Brot legen.

Koffein

Warum Vorsicht?

Koffein wirkt anregend und kann in größeren Mengen zu Unruhe, Herzrasen und Schlaflosigkeit führen – und über Ihren Blutkreislauf gelangen diese Wirkmechanismen mit dem Koffein auch zum Kind. Der Stoff steckt in Kaffee, aber auch in schwarzem und grünem Tee, in Cola, Kakao und Schokolade und natürlich in Energy-Drinks.

Das geht!

300 mg Koffein täglich hat die Weltgesundheitsorganisation als unbedenklich für Schwangere eingestuft. Das entspricht zwei bis drei Tassen Kaffee, fünf Tassen Tee oder sogar einem Liter Cola.

Frisches Obst, Gemüse, Sprossen

Warum Vorsicht?

Auch auf Sprossen, abgepacktem verzehrfertigem Salat, abgepackten Sandwiches, Rohkost, Snackgemüse oder fertigem Obstsalat vermehren sich Listerien (siehe Seite 11). Daneben können diese Produkte auch Toxoplasmose-Erreger enthalten. Toxoplasmose wird durch den Kot von Katzen und Nagetieren übertragen und gelangt z. B. über Schnecken in Gemüsebeete und so auf Obst und Gemüse. Wenn Sie bereits einmal Toxoplasmose hatten, sind Sie immun.

Das geht!

Waschen Sie rohes Obst, Gemüse, Kräuter und Sprossen vor dem Verzehr gründlich, schälen Sie Obst und Gemüse wenn möglich und tragen Sie bei der Gartenarbeit Handschuhe. Kochen und Tiefkühlen schützen vor Toxoplasmose. Sorgfältig gewaschenes, möglichst geschältes und frisch zubereitetes oder erhitztes Obst und Gemüse sowie frisch belegte Sandwiches stellen in der Regel auch keine Gefahr dar.

Kräuter und Kräutertees

Warum Vorsicht?
Einige Kräuter und Gewürze wirken wehenanregend und sollten daher, wenn überhaupt, erst ganz am Ende der Schwangerschaft konsumiert werden. Dazu gehören Himbeerblätter, Brombeerblätter, Schafgarbe und Frauenmantel. Wehenfördernd sollen u. a. große Mengen Süßholzwurzel und Anis wirken. Seien Sie damit lieber vorsichtig und trinken Sie nicht literweise Tee davon. Übrigens: Auch Chinin ist wehenfördernd und sollte gemieden werden – das bittere Extrakt aus der Rinde des Chinabaums ist z. B. in Bitter Lemon und Tonic Water enthalten.

Das geht!
Die Verwendung von Küchenkräutern und -gewürzen in üblichen Mengen ist kein Problem. Bei Übelkeit können sie sogar helfen, den Appetit anzuregen.

Eier

Warum Vorsicht?
Gerichte mit rohem Ei können potenziell Salmonellen enthalten. Neben Tiramisu, Mousse au Chocolat, Zabaione, selbst gemachter Mayonnaise und Remoulade können auch nicht ganz durchgegarte Eierspeisen (gekochtes Ei, Rührei, Spiegelei) Überträger sein.

Das geht!
Hart gekochte Eier, Eier in gut durcherhitzten Speisen wie Aufläufen und Gebäck.

Alkohol

Warum Vorsicht? Wie Koffein gelangt auch Alkohol über den Blutkreislauf direkt zum Kind – nur mit sehr viel gravierenderen Folgen: Er schädigt zu jedem Zeitpunkt der Schwangerschaft die Entwicklung. Bitte verzichten Sie während der Schwangerschaft vollständig darauf.

Das geht ... leider gar nicht!

REICH AN
FOLSÄURE

LIEFERT
KALZIUM

FRÜHSTÜCKS-SMOOTHIE

Für 2 Gläser (à 250 ml) • Zubereitung: 10 Min.
Pro Glas: 180 kcal, 9 g EW, 2 g F, 30 g KH

100 g junger Spinat • 150 g Basilikumblätter • 50 g getrocknete Aprikosen
150 g TK-Erdbeeren • 1 TL Chiasamen • 330 ml Kokoswasser (Bioladen)

Den Spinat verlesen und ebenso wie das Basilikum waschen. Spinat und Basilikum mit Aprikosen, Erdbeeren, Chiasamen und Kokoswasser in einen Hochleistungsmixer geben.

Alles etwa 2 Minuten sämig und glatt pürieren, dabei zwischendurch immer wieder kurz stoppen und die Zutaten bei Bedarf im Behälter nach unten schieben. Alternativ die Zutaten in einem hohen Rührbecher mit dem Stabmixer pürieren – dann kann die Zubereitung jedoch deutlich länger dauern.

Den Frühstücks-Smoothie auf Gläser verteilen und möglichst sofort trinken, da er durch die Chiasamen rasch andickt.

TRINKJOGHURT

Für 2 Gläser (à 250 ml) • Zubereitung: 10 Min.
Pro Glas: 250 kcal, 8 g EW, 11 g F, 28 g KH

150 g Mangofruchtfleisch (von ca. ¼ Mango) • 2 Orangen • 150 g Naturjoghurt
½ TL gemahlene Kurkuma • 2 Msp. gemahlene Vanille • 30 g Tahin (Sesammus)

Die Mango in grobe Würfel schneiden. Die Orangen halbieren und den Saft auspressen.

Mangowürfel und Orangensaft mit Joghurt, Kurkuma, Vanille und Tahin im Mixer fein pürieren. Alternativ in einem hohen Rührbecher mit dem Stabmixer cremig pürieren. Den Trinkjoghurt auf Gläser verteilen.

SCHWANGERSCHAFT

BANANENBROT
mit Dinkelmehl

Für 1 Kastenform von ca. 22 cm Länge (15 Scheiben)
Zubereitung: 15 Min. • Backen: 40 Min.
Pro Scheibe: 130 kcal, 2 g EW, 8 g F, 14 g KH

3 reife Bananen • 120 g weiche Butter • 1 EL Zucker
80 ml Milch (1,5 % Fett) • 200 g Dinkelmehl (Type 630)
3 TL Backpulver (10 g) • 2 Msp. Nelkenpulver

Den Backofen auf 180 °C vorheizen. Die Kastenform mit Backpapier auslegen. Die Bananen schälen und in einer Schüssel mit einer Gabel zerdrücken.

Die Butter und den Zucker in einer Rührschüssel mit den Quirlen des Handrührgeräts schaumig schlagen. Die Bananen und die Milch hinzufügen und alles mit einem großen Löffel sorgfältig mischen.

Das Dinkelmehl mit dem Backpulver und dem Nelkenpulver mischen. Die Mehlmischung zur Buttermasse geben und alles gründlich zu einem zähen Teig verkneten.

Den Teig in die Kastenform füllen und im Ofen auf der mittleren Schiene 40 Minuten backen. Herausnehmen und den Kuchen 10 Minuten in der Form abkühlen lassen. Dann vorsichtig aus der Form lösen und auf einem Kuchengitter vollständig abkühlen lassen.

TIPP: Das Bananenbrot schmeckt pur, aber auch mit Quark oder Frischkäse bestrichen, und das nicht nur zum Frühstück! Es eignet sich auch super zum Mitnehmen und als Snack zwischendurch. Bananen sind reich an Kalium und Magnesium. Falls Sie unter Verstopfung leiden, sollten Sie allerdings auf die Früchte verzichten – sie wirken zusätzlich stopfend und können das Problem verstärken.

Das Müsli schmeckt gut mit 2 EL Leinöl, Joghurt oder Milch und klein gewürfeltem Lieblingsobst. Das bringt eine Extraportion Vitamine, Omega-3-Fettsäuren und Protein, sodass Mama und Baby gut versorgt in den Tag starten.

BALD-MAMA-MÜSLI
mit Aprikosen

Für 5 Portionen • Zubereitung: 15 Min.
Pro Portion: 185 kcal, 6 g EW, 9 g F, 19 g KH

30 g Kürbiskerne • 25 g Sesamsamen • 30 g Walnusskerne • 100 g Haferflocken
30 g getrocknete Aprikosen • 20 g gepuffter Amarant (Amarant-Pops)
10 g Hanfsamen

Kürbiskerne, Sesam, Walnüsse und Haferflocken in einer großen Pfanne bei mittlerer Hitze etwa 10 Minuten rösten, bis sie leicht bräunen und aromatisch zu duften beginnen. Dann in eine Schüssel umfüllen und vollständig abkühlen lassen.

Inzwischen die Aprikosen in feine Würfel schneiden. Aprikosenwürfel, Amarant-Pops und Hanfsamen gut mit der Flockenmischung in der Schüssel mischen. Das Müsli in eine Vorratsdose füllen. Dunkel und trocken aufbewahrt, hält es sich mindestens 8 Wochen.

TIPP: Das Bald-Mama-Müsli ist ideal, um mit einer großen Portion Nährstoffe in den Tag zu starten. Viele Vitamine und Mineralstoffe, die Veggie-Mamas brauchen, stecken nämlich in Getreide, Samen und Nüssen, also genau in den Zutaten, aus denen Müslis bestehen. Mixen Sie sich Ihr Lieblingsmüsli am besten auf Vorrat und sparen Sie dabei nicht an Sesamsamen, Kürbiskernen und Haferflocken. Die versorgen Sie mit Eisen und Eiweiß. Auch wertvoll und beste Nährstofflieferanten: Weizenkleie, Hirseflocken, Walnüsse und Hanfsamen.

ENERGIE
FÜR DEN TAG

QUINOABURGER
mit Avocado

Für 2 Portionen • Zubereitung: 30 Min. • Garen: 15 Min.
Pro Portion: 770 kcal, 25 g EW, 32 g F, 96 g KH

80 g Quinoa • Salz • 2 Frühlingszwiebeln • 1 Knoblauchzehe • ½ Zwiebel
30 g Sesamsamen • 100 g Mehl • 1 Ei • Pfeffer aus der Mühle • ½ Avocado • 1 Pflaume
2 Salatblätter • 2 Brötchen • 2 EL Öl • 1 TL Aceto balsamico • 3 TL saure Sahne

Für die Burger-Patties die Quinoa in einem feinen Sieb unter fließendem heißem Wasser gründlich abbrausen. In einem Topf mit 200 ml Salzwasser aufkochen und zugedeckt bei schwacher Hitze 15 Minuten köcheln lassen. Anschließend auf der ausgeschalteten Herdplatte 5 Minuten ausquellen und dann abkühlen lassen.

Inzwischen die Frühlingszwiebeln putzen, waschen und in feine Ringe schneiden. Knoblauch und Zwiebel schälen und fein würfeln. Quinoa, Frühlingszwiebeln, Knoblauch, Zwiebel, Sesam, Mehl, Ei, ½ TL Salz und etwas Pfeffer vermischen. Aus der Masse mit angefeuchteten Händen 4 Patties von je etwa 10 cm Durchmesser formen.

Aus der Avocadohälfte den Stein entfernen. Die Avocado schälen, das Fruchtfleisch in Scheiben schneiden und leicht mit Salz würzen. Die Pflaume waschen, halbieren, entsteinen und in dünne Spalten schneiden. Die Salatblätter waschen und trocken tupfen.

Eine Grillpfanne bei mittlerer Hitze erhitzen. Die Brötchen waagerecht halbieren und mit den Schnittflächen nach unten 1 bis 2 Minuten in der Pfanne rösten. Dabei die Hälften kräftig an den Pfannenboden drücken (z. B. ein Schneidebrett daraufglegen und dieses fest auf die Brötchen drücken). Die Brötchen aus der Pfanne nehmen und beiseitelegen.

Das Öl in der Pfanne erhitzen und die Patties darin bei mittlerer Hitze auf jeder Seite 10 Minuten braten, dann aus der Pfanne nehmen. Die Pflaumenspalten in der Pfanne bei starker Hitze 2 Minuten braten, dann mit Aceto balsamico beträufeln. Die unteren Brötchenhälften mit der sauren Sahne bestreichen. Salatblätter, Patties, Avocado und Pflaumenspalten daraufschichten und die oberen Brötchenhälften darauflegen.

SCHWANGERSCHAFT

Diese Baguettes stehen fast so schnell auf dem Tisch wie ihre tiefgekühlten Verwandten aus dem Supermarkt, denn in beiden Fällen muss der Ofen vorheizen. Wer diese Zeit nutzt, um seine Pilzfüllung schnell selbst zu zaubern, braucht nur ein paar Minuten länger, wird aber mit einem viel intensiveren Geschmack belohnt.

PILZBAGUETTES
mit Schmand

Für 2 Portionen • Zubereitung: 20 Min. • Backen: 10 Min.
Pro Portion: 585 kcal, 28 g EW, 32 g F, 46 g KH

250 g braune Champignons • 1 kleine rote Zwiebel • 1 Knoblauchzehe
15 g Butter • 100 g geriebener Käse (z. B. Edamer) • 100 g Schmand
Salz • Pfeffer aus der Mühle • ½ Baguette oder Wurzelbrot (ca. 150 g)

Den Backofen auf 220 °C vorheizen. Ein Ofengitter mit Backpapier belegen. Die Champignons putzen, falls nötig, trocken abreiben, und je nach Größe halbieren oder vierteln. Die Pilze in einer Pfanne bei mittlerer bis starker Hitze unter gelegentlichem Wenden 10 Minuten braten, bis das austretende Wasser wieder verdampft ist.

Inzwischen die Zwiebel und den Knoblauch schälen. Die Zwiebel halbieren und in feine Halbringe schneiden, den Knoblauch fein würfeln.

Butter, Zwiebel und Knoblauch zu den Pilzen geben und alles 2 Minuten weiterbraten. Die Pilzmischung in eine Schüssel geben. Den Käse und den Schmand unterrühren und die Masse kräftig mit Salz und Pfeffer abschmecken.

Das Brot waagerecht halbieren. Beide Hälften mit der Pilzmasse bestreichen und auf dem Gitter im Ofen auf der mittleren Schiene 10 Minuten überbacken.

PFANNKUCHEN
mit Grünkohl

Für 2 Portionen • Zubereitung: 30 Min.
Pro Portion: 410 kcal, 19 g EW, 21 g F, 35 g KH

½ Bio-Zitrone • 1 Ei • 125 ml Milch (1,5 % Fett) • Salz
75 g Dinkelvollkornmehl • ½ TL Backpulver • 100 g Grünkohl
50 g Cocktailtomaten • 1 Stange Lauch (ca. 150 g) • 50 g Feta
1 EL Öl • 1 EL Weißweinessig • 1 TL Agavendicksaft • 2 TL Butter

Für den Pfannkuchenteig die Zitrone heiß waschen und trocken reiben. Die Schale fein abreiben und in einer Schüssel mit Ei, Milch, ¼ TL Salz, Mehl und Backpulver verrühren. Den Teig 15 Minuten quellen lassen.

Inzwischen für die Füllung den Grünkohl waschen, die Blätter abzupfen und hacken. Die Tomaten waschen und halbieren. Den Lauch putzen und waschen, zunächst in feine Streifen schneiden und diese fein hacken. Den Feta in kleine Würfel schneiden.

Das Öl in einem Topf erhitzen und den Lauch darin unter Rühren 1 bis 2 Minuten anbraten. Mit Salz würzen und an den Topfrand schieben. Die Tomaten in die Topfmitte geben und mit Essig ablöschen. Mit etwas Salz würzen und den Agavendicksaft dazugeben. Alle Zutaten im Topf vermengen, dann portionsweise den Grünkohl dazugeben und kurz schwenken. Den Topf vom Herd nehmen, den Feta über den Grünkohl geben und den Topfdeckel auflegen.

Aus dem Pfannkuchenteig 2 Pfannkuchen backen. Dafür je 1 TL Butter in einer großen beschichteten Pfanne zerlassen. Die Hälfte des Teigs in die Pfanne geben, durch Schwenken in der Pfanne verteilen und bei mittlerer Hitze auf jeder Seite goldbraun backen.

Zum Servieren jeweils die Hälfte des Gemüses auf eine Pfannkuchenhälfte geben und die andere Hälfte darüberklappen.

REICH AN
FOLSÄURE

Wenn mir nur nicht
IMMER SO ÜBEL *wäre*

Von wegen Morgenübelkeit! Mir war den ganzen Tag schlecht, und das leider auch nicht nur zwölf, sondern 20 Wochen lang. Daher bin ich quasi Profi in Sachen Anti-Übelkeit. Von Akupressurarmbändern über Homöopathie bis hin zu Ingwertee habe ich alles durchprobiert. Doch so individuell wie jede Schwangerschaft verläuft, ist das auch mit den wirksamen Mitteln gegen das lästige Übel: Bei jedem hilft etwas anderes gut. Und was beim ersten Kind guttut, kann in der zweiten Schwangerschaft wirkungslos sein. Probieren Sie es einfach aus.

WARUM IST SCHWANGEREN STÄNDIG ÜBEL?

Schätzungsweise 80 Prozent aller Schwangeren leiden im ersten Trimester unter Übelkeit, etwa die Hälfte aller Frauen zusätzlich an Erbrechen. Häufig verschwinden die Symptome spätestens nach 16 bis 20 Wochen. Die Ursachen sind ungeklärt. Hormonelle und emotionale Faktoren, Stress und Müdigkeit scheinen jedoch eine Rolle zu spielen. Häufig ist die Übelkeit morgens am schlimmsten, doch manche Frauen leiden den ganzen Tag darunter. Bestimmte Gerüche, Zähneputzen oder Stress, manchmal sogar Entspannung können die Übelkeit verschlimmern – das ist von Frau zu Frau unterschiedlich.

Ich habe in der Schwangerschaft sehr unter der Übelkeit gelitten. Während ich diese Zeilen schreibe, liegt meine Tochter selig schlummernd in der Sonne und die Geburt ist sechs Wochen her. Wenn ich an die Schwangerschaft zurückdenke, kommt mir alles nur noch halb so wild vor: „War doch total schön." Die Hormone machen ihren Job richtig gut. Was ich sagen will: Die Zeit der Übelkeit geht vorbei und ist dann ganz schnell vergessen.

Schnelle Helferlein
MEINE TOP 5

1 Ein Apfel vor dem Aufstehen

Noch im Bett eine Kleinigkeit zu essen (Zwieback, Trockenfrüchte oder ein paar Apfelschnitze), aber auch einen gesüßten warmen Tee zu trinken, wirkt dem niedrigen Blutzuckerspiegel am Morgen und damit der Morgenübelkeit entgegen.

2 Ständig etwas Kleines essen

Übelkeit verschlimmert sich häufig durch einen niedrigen Blutzuckerspiegel. Daher hilft es manchen Schwangeren, ständig etwas zu knabbern. Damit Sie sich damit keine überflüssigen Pfunde anfuttern, sollte der Snack gesund und kalorienarm sein. Es lohnt sich, regelmäßig eine große Box Rohkostgemüse vorzuschnippeln. Dazu passt ein leichter Dip (siehe Seite 29).

3 Akupressurarmbänder

Akupressurarmbänder stimulieren durch einen Plastik- oder Gummiknopf den Nei-Kuan-Punkt. Dieser liegt auf der Innenseite der Unterarme, je drei Fingerbreit unter dem Handgelenk zwischen den beiden Sehnen. Der Knopf im Armband drückt auf diesen Punkt und lindert so Übelkeit und beruhigt den Magen.

4 Zeit für Tee

Es gibt einige Heilkräuter, die gegen Übelkeit wirken und den Magen beruhigen, darunter Fenchel, Kamille und Pfefferminze. Sie können die Kräuter pur als Tee aufgießen oder miteinander mischen. Wer den puren Geschmack nicht mag, kann folgende Varianten probieren: Earl Grey mit Minze und Limette, Fenchel mit Orange oder Kamille mit Zitronengras.

5 Was sonst noch helfen könnte

· Homöopathische Mittel wie Nux vomica oder Sepia
· Mentholbonbons oder Kaugummi (mit Zucker)
· Lutschen an tiefgefrorenen Weintrauben oder anderen Obststücken
· Riechen an ätherischen Ölen, z. B. Minzöl, Zitronenöl oder Mandarinenöl

Das hilft auch noch
gegen Übelkeit

Wundermittel Ingwer

Nicht jedermanns Sache, aber tatsächlich hilfreich ist Ingwer. Ganz Hartgesottene beißen bei aufkommender Übelkeit in eine rohe Ingwerscheibe und kauen darauf herum. Ingwertee mit Zitrone und Honig war während der Schwangerschaft mein Favorit. Superpraktisch und lecker sind Ingwer-Zitronen-Icepops zum Lutschen.

Ingwer-Zitronen-Icepops

Dafür brauchen Sie 4 Förmchen für Eis am Stiel und 4 Holzstiele. So einfach geht's: **25 g Ingwer** heiß waschen und mit einem Fleischklopfer flach klopfen. Mit **200 ml Wasser** und **50 g Zucker** in einem Topf einmal aufkochen und dann zugedeckt bei schwacher Hitze 25 Minuten köcheln lassen. Inzwischen **1 Zitrone** auspressen. Ingwersud durch ein Sieb abseihen und den Zitronensaft unterrühren. Sud abkühlen lassen, auf die Förmchen verteilen und die Holzstiele hineinstecken. Im Tiefkühlfach mindestens 12 Stunden gefrieren lassen.

Möhren-Fenchel-Dip

Für 1 Glas (450 ml) • Zubereitung: 25 Min.

1 Fenchelknolle (200 g) • 1 große Möhre (200 g)
2 EL Öl • 1 Fleischtomate (100 g)
6 Zweige Thymian • Saft von ½ Zitrone
50 g getrocknete Tomaten • Salz
Pfeffer aus der Mühle

Den Fenchel und die Möhre putzen, waschen bzw.
schälen und fein würfeln. Das Öl in einer Pfanne erhitzen und die Gemüsewürfel darin 8 bis 10 Minuten
anbraten. Inzwischen die Tomate waschen und grob
würfeln. Den Thymian waschen, trocken schütteln und
die Blättchen abzupfen. Fenchel, Möhre, Tomaten-
würfel, Thymian, Zitronensaft, getrocknete Tomaten,
½ TL Salz und etwas Pfeffer im Blitzhacker zerkleinern.

TIPP: Sie können von dem Dip auch mehr zubereiten, ihn in sterilisierte Gläser füllen und 30 Minuten bei 90 °C im Wasserbad einkochen.

TSCHÜSS,
ÜBERLKEIT

BROTSALAT
mit Feigen

Für 2 Portionen • Zubereitung: 20 Min.
Pro Portion: 680 kcal, 15 g EW, 42 g F, 60 g KH

½ Baguette (ca. 150 g) • 2 Knoblauchzehen • 3 EL Olivenöl
50 g schwarze Oliven (ohne Stein) • 125 g Cocktailtomaten
1 rote Zwiebel • 150 g kleine Feigen • 1 großes Bund Petersilie
100 g cremiger Frischkäse (mit Knoblauch und Kräutern, z. B. Boursin)
Saft von ½ Zitrone • Salz • Pfeffer aus der Mühle

Das Baguette in 1 cm große Würfel schneiden. Die Knoblauchzehen schälen und fein würfeln, mit 2 EL Olivenöl und den Brotwürfeln in einer Schüssel gut mischen. Eine beschichtete Pfanne erhitzen und die Brotwürfel darin bei mittlerer Hitze unter gelegentlichem Wenden 10 Minuten goldbraun rösten.

Inzwischen die Oliven abtropfen lassen und nach Belieben längs halbieren. Die Tomaten waschen und halbieren. Die Zwiebel schälen, halbieren und in möglichst dünne Ringe schneiden. Die Feigen waschen, von den Stielenden befreien und vierteln. Die Petersilie waschen und trocken schütteln, die Blätter abzupfen und grob hacken.

Geröstete Brotwürfel, Tomaten, Oliven, Zwiebel und Petersilie gut mischen und auf einer Platte anrichten. Die Feigenviertel darauf verteilen und den Frischkäse darüberbröseln.

Für das Dressing den Zitronensaft mit ½ TL Salz, Pfeffer und dem restlichen Olivenöl verrühren. Den Brotsalat gleichmäßig mit dem Dressing beträufeln und sofort servieren.

TIPP: Zu Beginn der Schwangerschaft hatte ich eine Abneigung gegen alles „Gesunde": Vollkorn, Hülsenfrüchte, Hirse und Co. Da wäre mir dieser Salat gerade recht gekommen. Wenn Sie jedoch Lust auf eine Portion Nährstoffe extra haben, ersetzen Sie das Baguette durch 75 g gekochte Hirse, gekochten (Dinkel-)Bulgur oder – um in Frankreich zu bleiben – gekochten Couscous.

VITAMIN-
KICK

Dieser Salat ist reich an Folsäure und enthält mit Brokkoli und Avocado gleich zwei grüne Superfoods. Außerdem ist er ein echtes Multitalent: Sie können ihn super vorbereiten und als gesunden Lunch mit ins Büro nehmen oder ihn als schnelles Abendessen fix und fertig vorbereitet im Kühlschrank aufbewahren.

BROKKOLISALAT
mit Süßkartoffeln

Für 2 Portionen • Zubereitung: 30 Min.
Pro Portion: 530 kcal, 16 g EW, 18 g F, 74 g KH

2 Süßkartoffeln (ca. 450 g) • Salz • 300 g Brokkoli • 1 Avocado
100 g Kichererbsen (aus der Dose) • 2 EL Kürbiskerne • 1 EL Tahin (Sesammus)
2 EL Naturjoghurt • gemahlene Chili • 1 TL Agavendicksaft

Die Süßkartoffeln schälen, in kleine Würfel schneiden und in einen Topf geben. So viel Wasser dazugießen, dass die Kartoffeln beinahe bedeckt sind. Salzen und alles zugedeckt zum Kochen bringen. Die Süßkartoffelwürfel bei mittlerer Hitze 12 Minuten garen, zwischendurch bei Bedarf etwas Wasser nachgießen.

Inzwischen den Brokkoli putzen, waschen und in Röschen teilen, große Röschen halbieren. Die Avocado halbieren und den Stein entfernen. Das Fruchtfleisch mit einem Löffel aus den Hälften lösen und in kleine Würfel schneiden. Die Kichererbsen in einem Sieb heiß abbrausen und abtropfen lassen. Die Kürbiskerne grob hacken.

Die gegarten Süßkartoffeln in ein Sieb abgießen, abtropfen und abkühlen lassen. Sobald die Süßkartoffeln abgegossen sind, in dem Topf erneut Salzwasser aufkochen und den Brokkoli darin 3 Minuten blanchieren. Anschließend in ein Sieb abgießen, kalt abschrecken und abtropfen lassen.

Für das Dressing das Tahin mit Joghurt, etwas Salz, 1 Prise gemahlene Chili und dem Agavendicksaft glatt verrühren. Süßkartoffeln, Brokkoli, Kichererbsen und Avocado mischen, mit dem Dressing beträufeln und mit den gehackten Kürbiskernen bestreuen.

Topinambur ist auch unter dem Namen „Erdartischocke" bekannt, in manchen Regionen heißt sie auch „Kartüffel". Die ballaststoff- und eisenreiche Knolle kommt bei uns im Herbst und Winter aus regionalem Anbau und ist in großen Supermärkten, Bioläden oder auf Wochenmärkten erhältlich.

TOPINAMBURSUPPE
mit Walnusstopping

Für 2 Portionen • Zubereitung: 30 Min.
Pro Portion: 545 kcal, 11 g EW, 49 g F, 15 g KH

500 g Topinambur • 1 Frühlingszwiebel • 400 ml Gemüsebrühe
20 g Walnusskerne • ½ rote Chilischote • 1 TL Honig
200 g Crème fraîche • Salz

Topinambur waschen, eventuell schälen und in Würfel schneiden. Die Frühlingszwiebel putzen und waschen. Den grünen Teil in feine Ringe schneiden und beiseitelegen, den weißen Teil in grobe Stücke schneiden und mit den Topinamburwürfeln in einen Topf geben. Die Brühe dazugießen, alles aufkochen und zugedeckt bei mittlerer Hitze 15 Minuten köcheln lassen.

Inzwischen die Walnüsse hacken und in einer Pfanne ohne Fett anrösten. Die Chilischote längs aufschneiden, entkernen, waschen, fein hacken und zu den Walnüssen geben. Den Honig darübergeben und karamellisieren lassen.

Die Crème fraîche zur Topinamburmischung in den Topf geben und alles mit dem Stabmixer glatt pürieren. Die Suppe mit Salz abschmecken und auf Teller verteilen. Mit den Frühlingszwiebelringen und den Walnüssen garnieren. Dazu passt geröstetes Baguette.

TIPP: Kein Problem, wenn Sie keine Topinambur finden. Die Suppe schmeckt auch mit Kartoffeln, Kürbis, Pastinaken oder Steckrüben wunderbar.

Dieser deftige Eintopf wärmt nicht nur Magen und Seele – mit ihm sammeln Sie auch „Gesundpunkte" auf dem Ernährungskonto. Er ist reich an Folsäure und Ballaststoffen und liefert – dank Tofu und Bohnen – auch eine gute Portion Eiweiß.

BOHNENEINTOPF
mit Räuchertofu

Für 2 Portionen • Zubereitung: 20 Min. • Garen: 20 Min.
Pro Portion: 380 kcal, 20 g EW, 17 g F, 37 g KH

1 rote Zwiebel • 2 Knoblauchzehen • 50 g Knollensellerie • 50 g Pastinake
1 Möhre (ca. 150 g) • 50 g Lauch • ½ rote Chilischote • 75 g Räuchertofu
30 g Butter • 2 EL Sojasauce • 3 EL Tomatenmark • Salz • 1 EL Apfelessig
2 EL edelsüßes Paprikapulver • 1 Dose weiße Bohnen (240 g Abtropfgewicht)

Die Zwiebel und den Knoblauch schälen und im Blitzhacker fein zerkleinern. Sellerie, Pastinake und Möhre putzen, schälen und in kleine Würfel schneiden. Den Lauch putzen, waschen und fein hacken. Die Chilischote längs aufschneiden, entkernen, waschen und ebenfalls fein hacken. Den Räuchertofu abtropfen lassen, mit Küchenpapier trocken tupfen und in möglichst feine Würfel schneiden.

In einem Topf 20 g Butter zerlassen, die Zwiebel und den Knoblauch darin anbraten. Den Tofu mit der restlichen Butter dazugeben und bei mittlerer Hitze 2 Minuten weiterbraten.

Sojasauce, Sellerie, Pastinake, Möhre und 400 ml Wasser zur Tofumischung in den Topf geben. Tomatenmark, ½ TL Salz, Apfelessig, Chilischote und Paprikapulver unterrühren. Den Eintopf offen bei mittlerer Hitze 15 Minuten köcheln lassen.

Die Bohnen in ein Sieb abgießen, kurz abbrausen und abtropfen lassen. In den Eintopf geben und diesen bei starker Hitze 3 bis 5 Minuten weiterkochen lassen.

WINTERGEMÜSE

mit Oliven

Für 2 Portionen • Zubereitung: 40 Min. • Garen: 25 Min.
Pro Portion: 440 kcal, 10 g EW, 23 g F, 47 g KH

200 g Rosenkohl (frisch oder TK) • 1 große Möhre (ca. 200 g)
1 Pastinake (ca. 200 g) • 1 Rote Bete (ca. 150 g) • 1 Zwiebel • 1 Knoblauchzehe
6 TL Olivenöl • Salz • 2 TL Kräuter der Provence • 1 TL Honig
75 g schwarze Oliven (ohne Stein) • 2 Saftorangen • Pfeffer aus der Mühle

Den frischen Rosenkohl putzen und die äußeren Blätter entfernen, die Röschen waschen und halbieren. Die Möhre putzen, schälen und in dünne Scheiben schneiden. Die Pastinake putzen, schälen und in kleine Würfel schneiden. Die Rote Bete schälen und ebenfalls klein würfeln, dabei am besten Einweghandschuhe tragen. Zwiebel und Knoblauch schälen, die Zwiebel in feine Ringe, den Knoblauch in feine Würfel schneiden.

Den Backofen auf 210 °C (Umluft) vorheizen. Rosenkohl, Möhre, Pastinake, Zwiebel und Knoblauch sowie Rote Bete portionsweise und getrennt voneinander in einer Pfanne in je 1 TL Olivenöl bei mittlerer bis starker Hitze jeweils 3 bis 4 Minuten braun anrösten.

Eine flache Auflaufform (ca. 23 x 16 cm) mit dem restlichen Öl einfetten. Die Rote Bete beiseitestellen, das übrige angeröstete Gemüse in der Auflaufform verteilen. 1½ TL Salz, die Kräuter der Provence und den Honig untermischen. Die Oliven halbieren und dazugeben. Zum Schluss die Rote Bete darüber verteilen.

Die Orangen halbieren, den Saft auspressen und über das Gemüse geben. Das Gemüse mit einem passenden Deckel oder Alufolie abdecken und im Ofen auf der mittleren Schiene 25 Minuten schmoren. Herausnehmen und mit Salz und Pfeffer würzen.

TIPP: Am besten genießen Sie das Gemüse mit frischem Baguette; Reis oder Couscous passen aber auch perfekt dazu. Im Sommer kann man das Rezept gut mit Zucchini, Aubergine, Fenchel nach Belieben und Tomatenstücken statt Orangensaft zubereiten.

SCHWANGERSCHAFT

BALLAST-
STOFFREICH

Keine Angst vor
STRESS und Sorgen

Die Schwangerschaft ist eine Zeit des Umbruchs: Nicht nur der Körper verändert sich, sondern das ganze Leben – und zwar unwiderruflich. Natürlich ist es schön und ein großes Glück, ein Baby zu bekommen. Aber genauso natürlich fahren Sorgen und Unsicherheiten in der Gefühlsachterbahn mit. Zu guter Letzt haben auch die Hormone ihren Anteil daran, dass Schwangere im einen Moment jubilieren und im nächsten wegen Kleinigkeiten in Tränen ausbrechen, etwa weil sie ihre Yoga-Hose nicht finden können.

ÜBER GEFÜHLE SPRECHEN

Wenn es im Bauch oder Rücken zieht, malt sich manche Schwangere gleich das Schlimmste aus. Dabei ist es normal, dass Sie etwas spüren. Schließlich passiert in Ihrem Körper gerade sehr viel: Bänder dehnen sich, Gewebe lockert sich, die Gebärmutter wächst, innere Organe werden verschoben. Sie müssten sich eher Sorgen machen, wenn Sie von all dem nichts merken würden. Zukunftsängste gehören auch zur Schwangerschaft dazu. Plötzlich tragen Sie Verantwortung für ein kleines Wesen, das vollkommen von Ihnen abhängig ist. Sprechen Sie über Ihre Befürchtungen und Gefühle, binden Sie Ihren Partner mit ein und machen Sie nicht alles mit sich selbst aus.

Alle tun so, als ob Schwangere in einem rosaroten Happy Loop schweben, während sie sich stundenlang ihren Bauch streicheln und in der Sonne Latte macchiato trinken. Doch ich hatte zwischendurch auch Sorgen und Ängste. „Ist mein Kind vielleicht krank?" „Können wir als Eltern überhaupt der Verantwortung gerecht werden?" Doch als die Kinder dann auf der Welt waren, waren diese Sorgen plötzlich vergessen.

Ganz entspannt
LOCKER BLEIBEN

Stimmungsschwankungen in der Schwangerschaft sind ganz normal. Mit Entspannungs-übungen und -methoden können Sie jedoch gegensteuern und die Zeit der Erwartung für sich, Ihren Partner und Ihr Baby noch schöner gestalten.

Zeit für Entspannung

Autogenes Training, Meditation, progressive Muskelentspannung, Fantasiereisen – es ist egal, mit welcher Technik Sie sich am besten entspannen können. Hauptsache, Sie planen dafür täglich 10 bis 20 Minuten ein. Das hilft Ihnen, in dieser Zeit runterzukommen. Regel-mäßiges Training führt auch dazu, dass Sie insgesamt entspannter werden.

Technik erlernen

Ideal ist es, wenn Sie schon vor der Schwangerschaft eine Ent-spannungstechnik erlernen und diese regelmäßig üben. Es kann auch sein, dass Sie zunächst mehrere Methoden ausprobieren müssen, bis Sie die passende für sich gefunden haben.

Wirkt auch beim Kind

Es fällt mir nach wie vor schwer, mir täglich 20 Minuten Entspannungszeit zu gönnen. Dabei bringt es so viel! Schon das Baby im Bauch spürt Mamas Entspannung und wird ruhiger. Und wenn ich nach 20 Minuten autogenem Training erholt im Spielzimmer stehe, spiegelt sich das auch im Verhalten meiner Kinder wider: entspannte Mama, entspannte Kinder.

Atem-Entspannung

Setzen Sie sich bequem hin, schließen Sie die Augen, atmen Sie langsam und so lange Sie können ein und zählen Sie dabei bis 20. Atmen Sie ebenso langsam und lange wieder aus. Je öfter Sie üben, umso besser geht es. Die Übung können Sie auch bei der Geburt einsetzen: Denn wenn Sie die Wehen damit durchatmen, statt zu verkramp-fen, kommen Sie leichter durch die erste Geburtsphase.

Das hilft auch noch
gegen Stress und Sorgen

Rosmarin-Orangen-Sirup

Den Sirup kann man je nach Jahreszeit und Stimmung als Basis für Tee oder Limonade verwenden. Orange und Rosmarin heben mit ihren ätherischen Ölen die Laune.

Für 1 Flasche (ca. 300 ml) ¼ **l frisch gepressten Orangensaft** in einem Topf mit **125 g Zucker** verrühren. **1 Zweig Rosmarin** waschen, trocken schütteln und dazugeben. Alles aufkochen und bei schwacher Hitze 1 Stunde ziehen lassen. Anschließend den Rosmarin entfernen. Sirup heiß in eine sterilisierte Flasche füllen und gut verschließen.

Zum Servieren etwa 1 TL Sirup mit dem **Saft von ½ Zitrone** in einer Tasse oder einem Glas mit heißem (für Tee) oder kaltem (Mineral-)Wasser (für Limonade) aufgießen. Im Kühlschrank hält sich der Sirup etwa 12 Wochen.

Kamille-Lavendel-Tee

Kamille und Lavendel wirken wunderbar beruhigend. Für 2 Tassen (à 250 ml) **2 EL getrocknete Kamillen-** und **1 TL getrocknete Lavendelblüten** in einen Teebeutel oder ein Sieb geben. In einer Kanne mit ½ l **kochendem Wasser** aufgießen und zugedeckt 5 bis 10 Minuten ziehen lassen. Den Beutel entfernen. **1 TL Honig** und **2 EL Sahne** unterrühren. Langsam genießen.

Lavendel-Zitronen-Grieß

Für 2 Portionen ½ **Zitrone** heiß waschen, trocken reiben und die Schale fein abreiben. Zitronenschale mit ½ **TL getrockneten Lavendelblüten** in einen Teebeutel oder ein Teesieb geben. **300 ml Milch (1,5 % Fett)** in einen Topf geben und den Beutel hineinhängen. Die Milch zugedeckt bei schwacher Hitze erwärmen und alles 10 Minuten ziehen lassen, dann den Beutel herausnehmen. Die Milch aufkochen, **60 g Dinkelgrieß** und **1 EL Zucker** mit dem Schneebesen unter Rühren einrieseln lassen. Den Grieß leicht andicken lassen, vom Herd nehmen und noch 5 Minuten quellen lassen.

TIPP: 1 Prise Fleur de Sel verfeinert den Grieß.

LIEFERT KALZIUM

REISTOPF
mit Pfifferlingen

Für 2 Portionen • Zubereitung: 30 Min.
Pro Portion: 470 kcal, 15 g EW, 18 g F, 61 g KH

1 Zwiebel • 50 g Bergkäse • 20 g Butter • 125 g Risottoreis (z. B. Arborio)
50 ml Apfelessig • 400 ml heiße Gemüsebrühe oder -fond • 2 Zweige Rosmarin
1 säuerlicher Apfel • 150 g Pfifferlinge (frisch oder TK) • Salz • Pfeffer aus der Mühle

Die Zwiebel schälen und in feine Würfel schneiden. Den Bergkäse auf einer Küchenreibe grob raspeln. Die Butter in einem Topf zerlassen und die Zwiebel darin andünsten. Den Reis dazugeben und unter Rühren glasig dünsten. Dann mit dem Essig ablöschen und den Käse hinzufügen. Den Essig bei mittlerer Hitze einkochen lassen.

Sobald die Flüssigkeit nahezu verkocht ist, nach und nach heiße Brühe oder heißen Fond angießen und jeweils unter häufigem Rühren einkochen lassen. Auf diese Weise die gesamte Brühe bzw. den gesamten Fond aufbrauchen, das dauert etwa 20 Minuten.

In der Zwischenzeit den Rosmarin waschen und trocken schütteln, die Nadeln abzupfen und fein hacken. Den Apfel schälen, vierteln, entkernen und in feine Würfel schneiden. Frische Pfifferlinge putzen und eventuell trocken abreiben, große Pilze etwas kleiner schneiden. Apfel, Pfifferlinge und Rosmarin etwa 5 Minuten vor Ende der Garzeit zum Reis geben. Den Reistopf mit Salz und Pfeffer abschmecken.

TIPP: Normalerweise wird der Käse erst zum Schluss unter den Reis gerührt. Um in der Schwangerschaft auf Nummer sicher zu gehen, kommt er hier jedoch bereits früh in den Topf. Sollte er mit fürs Kind gefährlichen Keimen wie Listerien (siehe Seite 11) belastet sein, werden diese durch das lange Erhitzen abgetötet.

Dieses Gericht könnte auch „mediterraner Seelenstreichler" heißen. Und während Sie glücklich und entspannt Ihre Mahlzeit genießen, tut das auch Ihrem Baby gut.

STEINPILZPOLENTA
mit Zucchini

Für 2 Portionen • Zubereitung: 30 Min.
Pro Portion: 470 kcal, 14 g EW, 25 g F, 46 g KH

5 g getrocknete Steinpilze • 1 Zwiebel • 1 Knoblauchzehe • 4 TL Olivenöl
300 ml Gemüsebrühe • 100 g Polentagrieß (Maisgrieß) • 50 g Sahne
1 Zucchini (ca. 250 g) • 5 Salbeiblätter • Salz • Pfeffer aus der Mühle • 50 g Feta

Die Steinpilze in einem Schälchen mit kochendem Wasser übergießen und mindestens 5 Minuten einweichen. Inzwischen die Zwiebel und den Knoblauch schälen und fein würfeln. Die Pilze abtropfen lassen und in feine Streifen schneiden.

1 TL Olivenöl in einer Pfanne erhitzen, Zwiebel und Knoblauch darin anbraten. Die Brühe angießen und aufkochen lassen. Den Polentagrieß und die Pilze unter Rühren dazugeben und unter weiterem Rühren 2 Minuten köcheln lassen. Die Sahne unterrühren und die Polenta auf der ausgeschalteten Herdplatte 10 Minuten quellen lassen.

Inzwischen die Zucchini putzen, waschen und in dünne Scheiben schneiden. Den Salbei waschen, gründlich trocken tupfen und in Streifen schneiden. 2 TL Olivenöl in einer Pfanne erhitzen und die Zucchinischeiben darin bei mittlerer Hitze etwa 10 Minuten auf jeder Seiten anbraten. Aus der Pfanne nehmen. Das restliche Öl in die Pfanne geben, die Salbeistreifen darin schwenken und wieder herausnehmen.

Die Steinpilzpolenta mit Salz und Pfeffer abschmecken und auf zwei Tellern anrichten. Die Zucchinischeiben daraufgeben und mit Salbei bestreuen. Den Feta darüberbröseln.

Sie fragen sich, ob der Sternanis versehentlich auf der Zutatenliste gelandet ist?
Nein, der gehört wirklich in die Sauce und gibt ihr den besonderen Aromakick!
Das ist definitiv keine Adaption von Essiggurken mit Nutella ...

SPAGHETTI
mit Paprikasauce

Für 2 Portionen • Zubereitung: 30 Min.
Pro Portion: 685 kcal, 15 g EW, 39 g F, 68 g KH

1 rote Paprikaschote • 1 Schalotte • 1 EL Olivenöl • 2 EL Weißweinessig
1 Sternanis • 200 g Sahne • 250 g Cocktailtomaten
150 g Mangofruchtfleisch (von ca. ¼ Mango) • 150 g Dinkelspaghetti
Salz • Basilikumblätter (nach Belieben)

Die Paprikaschote längs halbieren, entkernen, waschen und in kleine Würfel schneiden.
Die Schalotte schälen und fein würfeln.

Das Olivenöl in einer Pfanne erhitzen, Paprika und Schalotte darin 4 Minuten anbraten.
Mit Essig ablöschen, Sternanis und Sahne hinzufügen und die Flüssigkeit bei mittlerer
Hitze 10 Minuten einköcheln lassen. Inzwischen die Tomaten waschen und halbieren. Das
Mangofruchtfleisch in kleine Würfel schneiden.

Die Paprikamischung in einen hohen Rührbecher umfüllen, dabei den Sternanis entfernen, und mit dem Stabmixer cremig pürieren. Das Püree zurück in die Pfanne geben,
Tomaten und Mango untermischen. Die Sauce nochmals 10 Minuten einköcheln lassen.

Inzwischen die Spaghetti in reichlich kochendem Salzwasser nach Packungsanweisung
bissfest garen. In ein Sieb abgießen, abtropfen lassen und mit der Paprikasauce servieren.
Nach Belieben mit Basilikumblättern garnieren.

SPINATLASAGNE
mit Ricotta

Für 2 Portionen • Zubereitung: 30 Min. • Backen: 40 Min.
Pro Portion: 755 kcal, 35 g EW, 44 g F, 52 g KH

225 g TK-Blattspinat • 1 rote Zwiebel • 2 Knoblauchzehen
1 TL Olivenöl • 50 g getrocknete Soft-Tomaten • 250 g Ricotta • Salz
Pfeffer aus der Mühle • 50 g Cocktailtomaten • 1– 2 Zucchini (ca. 300 g)
1 Kugel Mozzarella (125 g) • 6 Lasagneblätter

Den Spinat in einem Sieb auftauen lassen. Den Backofen auf 200 °C vorheizen. Die Zwiebel und den Knoblauch schälen und im Blitzhacker fein zerkleinern. Das Olivenöl in einer Pfanne erhitzen, Zwiebel und Knoblauch darin andünsten.

Die getrockneten Tomaten im Blitzhacker zerkleinern. Den Ricotta dazugeben und mit den Tomaten pürieren, dann Zwiebel und Knoblauch untermischen. Die Ricottamasse mit Salz und Pfeffer würzen.

Die Cocktailtomaten waschen und in dünne Scheiben schneiden. Die Zucchini putzen, waschen und auf dem Gemüsehobel längs in dünne Scheiben schneiden. Den Mozzarella abtropfen lassen und mit den Fingern fein zerzupfen.

Eine Auflaufform (ca. 23 x 16 cm) mit Backpapier auslegen. 3 Lasagneblätter in die Form legen, die Hälfte der Ricottamasse darauf verteilen, mit je der Hälfte Zucchinischeiben, Spinat, Cocktailtomaten und Mozzarella belegen. Die restlichen Lasagneblätter daraufgeben und die restlichen Zutaten ebenso einschichten. Die Lasagne im Ofen auf der mittleren Schiene 40 Minuten backen.

TIPP: Wenn während der Schwangerschaft der Heißhunger auf Nudelauflauf, Pizza und Co. kommt, ist diese Lasagne eine tolle Variante, um bedenkenlos zu schlemmen. Die Anzahl der Nudelblätter ist nämlich reduziert, stattdessen gibt es mehr Gemüse.

Hilfe, ich habe wieder
HEISSHUNGER *auf Süßes*

Die meisten Schwangeren kennen das: plötzliche Heißhungerattacken. Schuld daran sind wieder mal die Hormone, die alles durcheinanderbringen: die Geschmacksnerven, das Geruchsempfinden und den Appetit. So kommt es, dass sich manche Frauen Röstzwiebeln auf den Käsekuchen streuen oder eine unfassbare Lust auf bestimmte Lebensmittel verspüren, wie beispielsweise Pralinen oder Gummibärchen.

WAS HILFT GEGEN SÜSSE JIEPER?

Eine wissenschaftliche These besagt, dass hinter dem Süßhunger ein Mangel an Phosphor oder Magnesium stecken könnte. Da kann man zum Glück genussvoll gegensteuern: Reichlich Phosphor ist beispielsweise in Haferflocken, Kürbiskernen, Linsen, Feta und Mozzarella enthalten. Der Mineralstoff Magnesium steckt u. a. in Amarant, Quinoa, weißen Bohnen, Kürbiskernen und Sonnenblumenkernen. Probieren Sie diese Lebensmittel ruhig mal aus und greifen Sie bei Heißhunger zu einer Handvoll Kürbiskernen oder zu Overnight-Amarant (Rezept siehe Seite 53). Wenn das nicht reicht, dann helfen vielleicht ein oder zwei Trockenfrüchte (Aprikosen, Feigen, Datteln). Und manchmal muss vielleicht etwas Raffinierteres her – probieren Sie dann ein Rezept von Seite 54 und 55.

Während meiner Schwangerschaft konnte ich nur schwer die Finger von Schokolade lassen. Die Hormone flüsterten mir immer wieder ins Ohr: „Du hast Hunger. Jetzt ist der absolut falsche Zeitpunkt für eine Diät. Wenn du Lust auf Schokolade hast, braucht dein Körper wohl ganz bestimmte Nährstoffe aus der Schokolade." Was soll ich sagen? Die Hormone haben mich angelogen. Welche Nährstoffe aus der Ganze-Nuss-Schokolade sollen das denn bitte schön sein?

Overnight-Amarant mit Heidelbeeren

100 g Amarant mit **300 ml Wasser** aufkochen und zugedeckt bei schwacher Hitze 20 Minuten köcheln lassen. Den Topf vom Herd nehmen und den Amarant 10 Minuten ausquellen lassen. Anschließend abkühlen lassen und in zwei Twist-off-Gläser (à 400 ml) füllen. **200 g TK-Heidelbeeren** auf dem Amarant verteilen. **150 g Naturjoghurt** mit **100 g Quark (20 % Fett)** verrühren und über die Beeren verteilen. Die Gläser verschließen und über Nacht in den Kühlschrank stellen. Am nächsten Tag **je 1 TL Ahornsirup, gehackte Kürbiskerne** und **gehackte Mandeln** in die Gläser geben und loslöffeln!

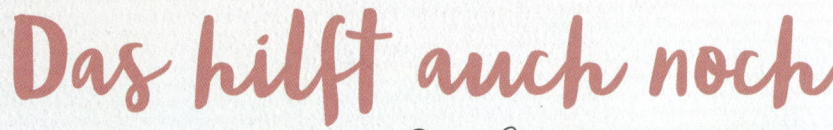

Das hilft auch noch
gegen süße Jieper

Schoko-Früchte

Für ca. 15 Stück **1 Banane** und **1 Apfel** schälen, den Apfel vierteln und entkernen. Beide Früchte in Scheiben schneiden. Die Scheiben einzeln auf Zahnstocher stecken und nebeneinander auf einem mit Backpapier belegten Brett etwa 12 Stunden im Tiefkühlfach gefrieren lassen. **100 g Bitterschokolade** zerkleinern und in einer Metallschüssel über einem heißen Wasserbad schmelzen. Früchte mithilfe des Zahnstochers in die Schokolade tauchen und damit überziehen, nach Belieben mit Kokosraspeln oder gehackten Nüssen bestreuen. Auf Backpapier fest werden lassen und im Kühlschrank aufbewahren. Dort halten sich die Früchte etwa 3 Tage.

Karamellcreme

Für 4 kleine Portionen **100 ml Milch (1,5 % Fett)** und **75 g weiche Sahne-Karamellbonbons** in einen Topf geben. Die Bonbons bei mittlerer Hitze in der Milch auflösen. Die Mischung mit dem Stabmixer pürieren, leicht abkühlen lassen und unter **200 g Quark (20 % Fett)** heben. **120 g TK-Beerenmischung** auf vier Schüsseln verteilen und die Quark-Karamell-Masse darübergeben. Mindestens 3 Stunden in den Kühlschrank stellen.

REICH AN KALZIUM

Apple-Pie-Smoothie

Für 2 Gläser (à 250 ml)
Zubereitung: 5 Min.

1 Apfel • 200 ml Milch (1,5 % Fett)
200 ml Apfelsaft (Direktsaft)
½ TL Zimtpulver • 2 TL weißes Mandelmus
1 Amarettino

Den Apfel schälen und grob zerkleinern, dabei das Kerngehäuse entfernen. Apfel, Milch, Apfelsaft, Zimt und Mandelmus im Mixer oder in einem hohen Rührbecher mit dem Stabmixer fein pürieren. Den Smoothie auf zwei Gläser verteilen und den Amarettino darüberbröseln.

TIPP: Weißes Mandelmus aus gehäuteten Mandeln ist besonders fein und milder als das Pendant aus ungehäuteten Kernen, es ist jedoch auch teurer. Falls Sie der intensivere Geschmack der dunkleren Variante nicht stört, können Sie diese ebenso verwenden.

Dieser Kuchen hat es in sich, nämlich B-Vitamine, Kalium, Magnesium und Eiweiß. Er schmeckt als Frühstück, Zwischenmahlzeit oder Nachtisch.

BANANENKUCHEN
mit Joghurt

Für 1 Kastenform von ca. 22 cm Länge (12 Stücke)
Zubereitung: 15 Min. • Backen: 50 Min.
Pro Stück: 220 kcal, 5 g EW, 11 g F, 25 g KH

4 Bananen • 150 g griech. Joghurt (10 % Fett) • 75 g Agavendicksaft
1 TL gemahlene Vanille • 50 g Mandelmus • 1 Ei • 150 g Mehl
30 g Kakaopulver • 1½ TL Backpulver • 100 g Bitterschokolade
50 g gehackte Haselnüsse

Den Backofen auf 180 °C vorheizen. Die Kastenform mit Backpapier auslegen. Die Bananen schälen, in grobe Stücke teilen und mit Joghurt, Agavendicksaft, Vanille und Mandelmus im Mixer 1 bis 2 Minuten zu einer glatten Creme pürieren. Die Creme in eine Schüssel umfüllen und das Ei unterrühren.

Mehl, Kakao und Backpulver mischen. Die Mehlmischung zur Bananencreme geben und alles gut zu einem zähen Teig vermengen. Die Schokolade grob hacken und mit den gehackten Nüssen unter den Teig heben.

Den Teig in die Kastenform füllen und im Ofen auf der mittleren Schiene etwa 50 Minuten backen (Stäbchenprobe). Den Kuchen herausnehmen und in der Form etwa 10 Minuten abkühlen lassen, dann vorsichtig stürzen und vollständig abkühlen lassen.

TIPP: Diesen Kuchen können Sie nach Bedarf abwandeln. Schneiden Sie beispielsweise eine Handvoll Erdbeeren klein für die Sommerversion, bunte Streusel im Teig und Zitronen- oder Schokoguss machen einen Geburtstagskuchen daraus.

MÜSLIRIEGEL
mit Walnüssen

Für 10 Stück • Zubereitung: 20 Min. • Backen: 20 Min.
Pro Stück: 240 kcal, 6 g EW, 13 g F, 24 g KH

50 g Walnusskerne • 30 g Cashewkerne • 25 g Sonnenblumenkerne
25 g Sesamsamen • 50 g getrocknete Apfelringe • 50 g Butter
1 EL Zucker • 75 g Agavendicksaft • 200 g kernige Haferflocken
2 EL Dinkelvollkornmehl • Salz

Eine flache Auflaufform (ca. 23 x 16 cm) mit Backpapier auslegen und den Backofen auf 160 °C vorheizen. Walnüsse und Cashewkerne fein hacken. Mit den Sonnenblumenkernen und Sesamsamen in einer beschichteten Pfanne ohne Fett bei starker Hitze unter Wenden etwa 5 Minuten goldbraun anrösten. Aus der Pfanne nehmen und beiseitestellen. Die Apfelringe im Blitzhacker fein hacken.

Die Butter in einem Topf bei schwacher Hitze zerlassen. Zucker und Agavendicksaft hinzufügen und leicht bräunen lassen. Die Nussmischung mit Apfelstücken, Haferflocken, Mehl und 1 Prise Salz in einer großen Schüssel gründlich mischen. Die Butter-Zucker-Masse dazugeben und alles sehr gut vermengen.

Die Masse gleichmäßig in der Auflaufform verteilen, mit einem Stück Backpapier belegen und das Papier mit den Händen fest andrücken (das Backpapier verhindert, dass die Masse an den Händen kleben bleibt).

Die Müslimasse im Ofen auf der mittleren Schiene 20 Minuten backen. Herausnehmen, vorsichtig aus der Form nehmen und leicht abkühlen lassen. Dann die Platte in 10 gleich große Riegel schneiden und vollständig abkühlen lassen.

TIPP: Die Apfelringe können Sie durch getrocknete Cranberrys, Aprikosen, Feigen oder Datteln ersetzen. Und wundern Sie sich nicht – selbst gemachte Müsliriegel krümeln stärker als Industrieprodukte. Ich sammele die Krümel in einer Dose und streue sie morgens über mein Müsli.

GRÜNER EISTEE

Für 4 Gläser (à 250 ml) • Zubereitung: 10 Min.
Pro Glas: 80 kcal, 1 g EW, 0 g F, 14 g KH

1 Grapefruit • 2 große Zitronen • 10 g Bancha (grüner Tee)
3 EL Zucker • 2 Handvoll Eiswürfel • Mineralwasser (ohne Kohlensäure)
einige Bio-Zitronenscheiben zum Servieren

Aus Grapefruit und Zitronen den Saft auspressen. 200 ml Wasser auf 80 °C erhitzen, den Bancha in einem Kännchen damit übergießen und 1 Minute ziehen lassen. Durch ein Sieb in eine hitzebeständige Karaffe abgießen. Den Zucker im Tee auflösen. Grapefruit- und Zitronensaft sowie die Eiswürfel unterrühren. Mit Mineralwasser auf 1 l aufgießen. Im Kühlschrank durchkühlen lassen oder sofort genießen. Mit Zitronenscheiben servieren.

ROOIBOS-LATTE

Für 2 Gläser (à 250 ml) • Zubereitung: 10 Min.
Pro Glas: 70 kcal, 5 g EW, 2 g F, 9 g KH

2 Beutel Rooibos-Tee • 200 ml Milch (1,5 % Fett)
2 Msp. gemahlene Vanille • 1 EL Agavendicksaft

Die Rooibos-Teebeutel in zwei Gläser hängen. 400 ml Wasser aufkochen, den Tee damit übergießen und 5 bis 8 Minuten ziehen lassen.

Inzwischen die Milch mit der Vanille in einem Topf erwärmen und dann mit einem Milchaufschäumer aufschäumen. Die Teebeutel aus den Gläsern entfernen und den Tee mit dem Agavendicksaft süßen. Den Milchschaum darauf verteilen.

GANZ OHNE KOFFEIN

BERRY SOUR

Für 2 Gläser (à 250 ml) • Zubereitung: 10 Min. • Tiefkühlen: mind. 12 Std.
Pro Glas: 80 kcal, 1 g EW, 0 g F, 17 g KH

300 ml Zitronenlimonade • 1 Zitrone • 60 ml Schwarzer Johannisbeersaft

Die Limonade in eine Eiswürfelform füllen und im Tiefkühlfach mindestens 12 Stunden
– am besten über Nacht – gefrieren lassen, .

Die Zitrone halbieren und den Saft auspressen. Die Limo-Eiswürfel entweder in einem
Gefrierbeutel mit dem Fleischklopfer oder im Mixer zu Crushed Ice zerkleinern.

Das Crushed Ice auf zwei Gläser verteilen und jeweils mit der Hälfte des Zitronen- und
Johannisbeersafts aufgießen.

TIPP: Für eine schnelle Variante Zitronenlimonade mit Zitronen- und Johannisbeersaft
mischen und mit Eiswürfeln oder Crushed Ice auffüllen.

TROPICAL FRUIT

Für 2 Gläser (à 250 ml) • Zubereitung: 5 Min.
Pro Glas: 140 kcal, 1 g EW, 0 g F, 32 g KH

300 ml Grapefruitsaft • 150 ml Ananassaft
4 cl Grenadinesirup (Granatapfelsirup) • 2 Handvoll Crushed Ice

Grapefruitsaft, Ananassaft und Grenadinesirup in einem Cocktailshaker gründlich schütteln oder in einem hohen Rührbecher gut mit dem Schneebesen verquirlen. Das Crushed
Ice auf zwei Gläser verteilen und mit der Saftmischung aufgießen.

STILLZEIT

Stillen ist sehr praktisch und spart Zeit, denn wer stillt, hat jederzeit und überall die passende Nahrung für sein Kind dabei. Für die optimale Zusammensetzung der Milch können Sie selbst viel tun: abwechslungsreich essen und – wie schon während der Schwangerschaft – bei der Auswahl der Lebensmittel auf eine hohe Nährstoffdichte achten. So können Sie sicherstellen, dass Ihr Kind alles bekommt, was es zum gesunden Wachsen braucht, und für Sie selbst ausreichend Nährstoffe übrig bleiben!

Veggie-Ernährung für STILL-MAMAS

Für alle, die schon vor und während der Schwangerschaft auf eine gesunde Ernährung geachtet haben, ist es denkbar einfach: weitermachen wie bisher! Stillende Mütter versorgen so ihr Baby mit allen wichtigen Nährstoffen. Doch was, wenn die Milch nicht fließt, das Baby Bauchweh hat oder keine Zeit zum Kochen bleibt?

Das Beste für Mama und Kind

Ebenso wie in der Schwangerschaft tut auch in der Stillzeit eine ausgewogene, vollwertige Ernährung gut. Obst und Gemüse, Vollkorn, Nüsse und Samen, Hülsenfrüchte, Eier, Milch und Milchprodukte sind dafür eine gute Basis. Auch Ihr Kind profitiert davon. Eine abwechslungsreiche Ernährung versorgt Ihr Baby nicht nur mit allen wichtigen Nährstoffen, das Kind lernt über die Muttermilch auch verschiedene Geschmäcker kennen. Denn die Muttermilch schmeckt, im Gegensatz zu Milch aus Milchpulver, immer wieder anders, je nachdem, was Sie gegessen haben. Kinder, deren Geschmacksnerven schon früh mit einer großen Vielfalt verwöhnt wurden, sind in der Regel auch später weniger heikel, wenn es ums Essen geht.

Keine Diät während der Stillzeit

Neben einer optimalen Versorgung mit Nährstoffen hält eine ballaststoffreiche Kost den Blutzuckerspiegel stabil. Das verhindert Heißhungerattacken und hilft Ihnen, zu Ihrem alten Gewicht zurückzufinden, ohne Diät halten zu müssen. Von einer Diät während der Stillzeit ist dringend abzuraten. Schädliche Abbauprodukte können durch die Muttermilch ausgeschwemmt werden und somit zu Ihrem Baby gelangen. Außerdem besteht die Gefahr einer Unterversorgung an wichtigen Nährstoffen. Dieser Mangel könnte die Entwicklung Ihres Babys beeinträchtigen und zu schlimmen Schäden führen. Zum Glück verschwinden die zusätzlichen Pfunde während der Stillzeit bei den meisten Frauen ohnehin rasch. Denn stillende Mütter verbrauchen, während sie voll stillen – also bis zum vierten, fünften oder sechsten Lebensmonat –, etwa 500 Kilokalorien mehr am Tag. Wenn Sie nicht für zwei essen und sich dazu nach der Wochenbettzeit wieder leicht bewegen, Rückbildungstraining und sanften Sport machen (etwa Yoga oder Schwimmen), passen Sie auch ohne Diät bald wieder in Ihre alten Klamotten. Sie brauchen nur etwas Geduld.

Reichlich trinken

Es ist erstaunlich, was ein Baby trinkt: Im Alter von zwölf Wochen können das locker um die 800 ml Milch am Tag sein. Damit stets für ausreichend Nachschub gesorgt ist, brauchen stillende Mütter täglich etwa 2 bis 2½ l Flüssigkeit. Wasser und Tees sind hier die erste Wahl, Sie können auch stark verdünnte Saftschorlen oder Ingwerwasser trinken: Hauptsache, Sie trinken genug! Wer partout keinen Durst verspürt: Auch mit Brühen oder stark wasserhaltigen Lebensmitteln wie Gurken, Tomaten oder Melone können Sie auftanken.

Alkohol und stark koffeinhaltige Energy-Drinks sollten Sie dagegen meiden, bis Sie abgestillt haben. Denn sowohl Alkohol als auch Koffein gehen in die Milch über und belasten Ihr Baby. Auch die vergleichsweise geringeren Koffeinmengen aus Kaffee, Tee und Kakao können Ihr Baby unruhig machen. Am besten greifen Sie zu diesen Wachmachern nur in Maßen.

Sattes, zufriedenes Baby

Von welchen Nährstoffen Sie als stillende Mutter eine Extraportion benötigen und mit welchen Lebensmitteln Sie auch als Vegetarierin Ihren Bedarf daran problemlos decken können, erfahren Sie in der Umschlagklappe hinten. Doch ein Alltag mit Baby ist chaotisch, gerade beim ersten Kind. Auch wenn Sie morgens einen Plan für den Tag aufstellen, kommt dann vermutlich alles anders. Sie müssen das Baby stundenlang durch die Wohnung tragen, weil es nur dann ruhig ist. Sie sind mittags noch im Schlafanzug, der Frühstückstisch ist nur halb abgeräumt, an Kochen ist nicht zu denken. Gut, wenn Sie darauf vorbereitet sind!

• Gesunde Snacks parat haben

Sie merken, wie Sie auf einen Schlag richtig hungrig werden? Praktisch, wenn Sie dann etwas Gesundes zur Hand haben, wie Breakfast Cookies (siehe Seite 72) oder Nussbrot (siehe Seite 70). Frisches Obst ist auch immer eine gute Wahl, um schnell für Energie zu sorgen. Den bekommen Sie mit Schokoriegeln und Co. auch? Das schon, aber wertvolle Nährstoffe stecken in den schnellen „Süßen" leider so gut wie keine.

• Milchbildung fördern

Genug Milch fürs Baby zu haben, das wünscht sich jede stillende Mutter: Anis, Kümmel, Fenchel oder Bockshornkleesamen sollen die Milchbildung fördern und teilweise auch Blähungen lindern. Eine Mischung aus Anis, Kümmel und Fenchel ist daher eine beliebte Stilltee-Kombination. Auch alkoholfreies Weizenbier oder Malzkaffee sollen die Milchproduktion ankurbeln. Petersilie, Salbei und Pfefferminze hingegen sind bekannt dafür, dass sie die Milchbildung hemmen. Auf große Mengen dieser Kräuter sollten Sie deshalb vor allem dann verzichten, wenn Sie von Natur aus ohnehin nicht mit einer üppigen Milchmenge gesegnet sind.

VERDAUUNG NACH DER GEBURT

Die Verdauung ist nach der Geburt häufig lahmgelegt oder etwas träge. Dann machen Ballaststoffe dem Darm Beine, z. B. lecker verpackt in einem Kompott aus Trockenfrüchten (siehe Seite 77). Wichtig bei ballaststoffreicher Ernährung: viel trinken! Sonst kann sich der Zustand noch verschlimmern. Sobald Sie merken, dass es mit dem Stuhlgang nicht gut klappt, leiten Sie Gegenmaßnahmen ein: viel trinken, Trockenfrüchte essen, Beckenbodentraining. Auch ein Blähbauch kann nach der Geburt schmerzen. Verzichten Sie dann einfach eine Zeitlang auf blähende Lebensmittel: Dazu zählen Zwiebeln, Knoblauch, Kohl, Pilze, Weintrauben, Hülsenfrüchte und Vollkorn. Das sind zwar größtenteils genau die Lebensmittel, die eine vollwertige Ernährung ausmachen, aber Sie integrieren sie ja wieder in den Speiseplan, sobald Ihr Verdauungssystem sich erholt hat. Gut verträglich direkt nach der Geburt sind Fenchel, Möhren, Spinat, Zucchini, Pastinake, Salat, Kürbis, Nüsse, Hirse, Amarant, Reis, Kartoffeln, Birne, Mango, Feige, Beeren, Melone, Quark und Joghurt.

Kohl und Co.: Pauschalverzicht
DEM BABY ZULIEBE?

„Das darfst du jetzt nicht essen, davon kriegt das Kleine einen wunden Po" oder „Lass die Zwiebel weg, sonst bekommst du Blähungen": Das mögen alles gut gemeinte Ratschläge sein, doch nur selten ist es wirklich nötig, bestimmte Zutaten zu meiden.

• Blähungen

Bestimmten Lebensmitteln wird nachgesagt, dass sie bei Neugeborenen Blähungen verursachen. Manche Mütter lassen daher viele Zutaten Ihrem Baby zuliebe weg. In den ersten drei Monaten ist das Verdauungssystem der Kleinen noch im Aufbau, die guten Darmbakterien müssen noch einziehen und die Verdauung muss in Gang gebracht werden. Viele Babys quälen sich in den ersten drei Monaten, weil es im Gedärm gluckert und sie nicht pupsen können. Das geht mit viel Weinen und Rumtragen einher. Verzweifelte Eltern kaufen Kümmelöl fürs Bäuchlein oder pflanzliche Medikamente. Gewürze wie Kümmel, Fenchel, Kurkuma oder Zitronenmelisse sollen Babys Blähungen auch über die Muttermilch lindern. Wenn nichts hilft, lassen viele Mütter alle blähenden Lebensmittel weg (siehe Tipps links). So oder so ist bei fast allen nach drei Monaten der Spuk vorbei. Spätestens dann sollten Sie ausprobieren, ob Ihr Kind Zwiebeln und Pilze verträgt, bevor Sie weiter Verzicht üben.

• Wunder Po

Ähnlich wie bei Blähungen wird manchen Lebensmitteln nachgesagt, schuld an Babys wundem Po zu sein. Dazu gehören Tomaten, Erdbeeren, Zitrusfrüchte, Kiwi und Paprika. Bevor Sie das alles weglassen, beobachten Sie sorgfältig, ob das Wundsein tatsächlich daher rührt, und probieren Sie immer mal wieder aus, das Lebensmittel doch zu essen. Gegen einen wunden Po hilft häufiges Wickeln, die Verwendung von Stoff- oder Biowindeln, das Baby windellos strampeln lassen oder Heilwolle (Apotheke) mit in die Windel legen.

• Allergien

Babys und Kleinkinder sind häufiger von Allergien betroffen als Erwachsene. Aber keine Sorge: Die meisten Unverträglichkeiten verlieren sich bis zum Schulalter. Stillen ist eine wunderbare Allergieprophylaxe. Essen Sie daher möglichst vielfältig. Verzichten Sie nicht proaktiv auf bestimmte Zutaten, um Ihr Baby zu schützen (vgl. Blähungen, wunder Po). Sie handeln eher in seinem Sinne, wenn Ihre Ernährung abwechslungsreich ist.

NUSSBROT
mit Quinoa

Für 1 Kastenform von ca. 22 cm Länge (20 Scheiben)
Zubereitung: 30 Min. • Quellen: 16 Std. • Backen: 65–75 Min.
Pro Scheibe: 175 kcal, 6 g EW, 10 g F, 14 g KH

150 g Quinoa • 100 g Haselnusskerne • 1 große Möhre (ca. 200 g)
1 großer Apfel (ca. 250 g) • 2 EL Kokosöl • 4 EL Chiasamen • 50 g Sesamsamen
50 g Leinsamen • 100 g Sonnenblumenkerne • 1 EL Ahornsirup • Salz
100 g kernige Haferflocken • 80 g Dinkelvollkornmehl

Die Quinoa in einem Sieb unter fließendem heißem Wasser abbrausen. Dann in einer Schüssel mit ½ l kochend heißem Wasser übergießen und 12 Stunden – am besten über Nacht – zugedeckt quellen lassen. Die Quinoa in ein Sieb abgießen und abtropfen lassen.

Die Hälfte der Haselnüsse im Blitzhacker zu feinem Nussmehl mahlen, die restlichen Haselnüsse klein hacken. Die Möhre putzen, schälen und in grobe Stücke schneiden. Den Apfel schälen, vierteln, entkernen und ebenfalls in grobe Stücke schneiden. Möhren- und Apfelstücke im Blitzhacker fein hacken. Das Kokosöl in einem Topf zerlassen.

Den Backofen auf 180 °C vorheizen. Die Kastenform und ein Backblech mit Backpapier auslegen. Die Quinoa im Blitzhacker sehr fein pürieren. Die Chiasamen hinzufügen und gut unterrühren. Die Mischung in eine große Schüssel füllen. Gemahlene und gehackte Haselnüsse, Möhre, Apfel, Kokosöl, Sesam- und Leinsamen, Sonnenblumenkerne, Ahornsirup, ½ TL Salz, Haferflocken und Dinkelvollkornmehl dazugeben. Alle Zutaten mit den Quirlen des Handrührgeräts etwa 2 Minuten zu einem bröseligen Teig verrühren.

Den Teig in die Form füllen, fest andrücken und zugedeckt 4 Stunden quellen lassen. Dann im Ofen auf der mittleren Schiene 30 Minuten backen. Das Brot herausnehmen, vorsichtig aus der Form stürzen und auf dem Backblech weitere 35 bis 45 Minuten backen, bis es schön knusprig ist. Das Brot aus dem Ofen nehmen und vor dem Anschneiden unbedingt vollständig auskühlen lassen (warm bricht es leicht).

Keine Zeit zum Frühstücken? Dann schnappen Sie sich einfach einen Keks.
Denn Sie brauchen Energie für sich, Ihr Baby und die Milchproduktion. Die Kekse
sind reich an Ballaststoffen und lassen sich gut auf Vorrat backen.

BREAKFAST COOKIES
mit Feigen

Für 20 Stück • Zubereitung: 30 Min. • Backen: 14 Min.
Pro Stück: 110 kcal, 2 g EW, 8 g F, 9 g KH

1 gestrichener TL Bockshornkleesamen • 120 g Butter • 50 g Vollrohrzucker
1 Ei • 50 g Walnusskerne • 50 g getrocknete Feigen • 15 g Chiasamen
50 g zarte Haferflocken • 100 g Dinkelmehl (Type 630)

Den Backofen auf 180 °C vorheizen. Ein Backblech mit Backpapier belegen. Die Bockshornkleesamen mit heißem Wasser übergießen und zugedeckt 15 Minuten quellen lassen.

Inzwischen die Butter in einem Topf zerlassen und dann in eine Rührschüssel geben. Den Zucker hinzufügen und alles mit den Quirlen des Handrührgeräts so lange verrühren, bis sich der Zucker aufgelöst hat. Das Ei unterrühren.

Die Bockshornkleesamen durch ein feines Sieb abgießen. Zusammen mit den Walnüssen und den Feigen im Blitzhacker fein hacken. In einer zweiten Schüssel Chiasamen, Haferflocken und Mehl mischen. Die Mischung unter die Butter-Zucker-Masse rühren, dann die Nuss-Feigen-Mischung unterheben.

Aus dem Teig mit einem Esslöffel 20 Teighäufchen abnehmen, mit etwas Abstand auf das Blech setzen und zu Keksen formen. Im Ofen auf der mittleren Schiene etwa 14 Minuten backen. Die Kekse vom Blech nehmen und auf einem Kuchengitter abkühlen lassen.

TIPP: Die Kekse zum Aufbewahren am besten in eine Dose schichten (mit etwas Backpapier zwischen jeder Lage). Bei mir haben die Cookies nie länger als 2 Wochen „überlebt". Sie sollten aber problemlos 4 Wochen haltbar sein – zumindest theoretisch ...

Keine Zeit, ausgiebig zu frühstücken? Dann gibt's hier die perfekte Alternative: Müslimuffins. Die kann man auch prima einfrieren, bei Bedarf auftauen, noch mal kurz in den Ofen schieben und mmh ... Schon hat man einen schnellen, ballaststoffreichen und leckeren Guten-Morgen-Snack.

MÜSLIMUFFINS
mit Gojibeeren

Für 1 Muffinblech (12 Stück) • Zubereitung: 15 Min. • Backen: 20 Min.
Pro Portion: 145 kcal, 5 g EW, 7 g F, 15 g KH

1 kleiner Apfel (ca. 120 g) • 30 g Kürbiskerne • 40 g Mandeln • 20 g Leinsamen
20 g Gojibeeren • 50 g Haferflocken • 200 g Dinkelmehl (Type 630) • 80 g Zucker
2 TL Backpulver • 200 g Quark (20 % Fett) • 2 Eier • 75 ml Rapsöl
50 ml Apfelsaft • 12 Muffin-Papierförmchen

Den Backofen auf 180 °C vorheizen. Die Papierförmchen in die Mulden des Muffinblechs setzen. Den Apfel waschen und in grobe Stücke schneiden, dabei das Kerngehäuse entfernen. Die Apfelstücke mit Kürbiskernen, Mandeln, Leinsamen und Gojibeeren im Blitzhacker fein zerkleinern.

Die Haferflocken mit Mehl, Zucker und Backpulver in einer Schüssel gründlich mischen. Die Apfelmischung unterheben. In einer zweiten Schüssel Quark, Eier, Öl und Apfelsaft mit den Quirlen des Handrührgeräts verrühren. Die Mehlmischung dazugeben und alles zügig mit einem Teigspatel oder Kochlöffel vermengen.

Den Teig auf die Papierförmchen verteilen und im Ofen auf der mittleren Schiene 20 Minuten goldbraun backen. Die Muffins samt Papierförmchen aus dem Blech nehmen und auf einem Kuchengitter vollständig auskühlen lassen.

TIPP: Dinkelmehl gibt es mittlerweile in fast jedem Supermarkt. Sie können stattdessen aber natürlich auch Weizenmehl verwenden: Weizenmehl der Type 550 entspricht etwa dem Dinkelmehl der Type 630.

STILLZEIT

Nach der Geburt ist der Darm meist irritiert und reagiert mit Verstopfung.
Da hilft zum Glück dieses Trockenfrüchtekompott, dessen Rezept
mündlich überliefert wurde – über die „Hebammen-Stille-Post", die das
ursprünglich von einer türkischen Oma erfuhr.

KOMPOTT

aus Trockenfrüchten

Für 4 Portionen • Zubereitung: 10 Min. • Garen: 20 Min.
Pro Portion: 110 kcal, 2 g EW, 0 g F, 25 g KH

50 g getrocknete Datteln • 100 g getrocknete Aprikosen
200 ml frisch gepresster Orangensaft • je 1 TL Zimt- und Anispulver
1 TL gemahlene Kurkuma

Die Datteln und Aprikosen in grobe Würfel schneiden. Die Fruchtwürfel mit Orangensaft, Zimt, Anis und Kurkuma in einen Topf geben.

Die Trockenfrüchtemischung kurz aufkochen und dann zugedeckt bei schwacher Hitze 20 Minuten sanft köcheln lassen. Nach Belieben warm oder abgekühlt essen.

TIPP: Sie können das Kompott pur oder mit Naturjoghurt essen. Gut abgedeckt im Kühlschrank aufbewahrt, hält es sich mindestens 1 Woche. Falls Sie also lieber nur kleinere Portionen davon essen, ist das auch kein Problem.

Warum diese Wraps der perfekte Mama-Snack sind? Sie sind reich an Eiweiß und Ballaststoffen. Sie schmecken auch kalt. Man kann sie einhändig essen. Und man kann sie dritteln, im Kühlschrank aufbewahren und schnell einen Happen essen, wenn es gerade passt ...

GEMÜSEWRAPS

mit Bohnencreme (etwas trocken)

+ Guacamole !

Für 2 Portionen • Zubereitung: 25 Min.
Pro Portion: 475 kcal, 24 g EW, 24 g F, 40 g KH

1 Knoblauchzehe • 1 Kohlrabi (ca. 150 g) • 1 Möhre (ca. 150 g) • 4 Zweige Thymian
1 EL Haselnusskerne • 1 TL Öl • Salz • gemahlene Chili • 1 TL Apfelessig
120 g weiße Bohnen (aus der Dose) • 50 g Frischkäse (10 % Fett)
Pfeffer aus der Mühle • 60 g Bergkäse • 4 Salatblätter • 2 Tortillawraps (Fertigprodukt)

Den Knoblauch schälen. Kohlrabi und Möhre putzen, schälen und in grobe Stücke schneiden. Den Thymian waschen und trocken schütteln. Die Blättchen abzupfen und mit Knoblauch, Haselnüssen, Möhre und Kohlrabi im Blitzhacker fein zerkleinern.

Das Öl in einer Pfanne erhitzen und die Gemüsemasse darin bei mittlerer Hitze 10 Minuten braten, dabei immer wieder umrühren. Kräftig mit Salz würzen und etwas Chili sowie den Apfelessig hinzufügen.

Für die Creme die Bohnen in einem Sieb kurz abbrausen und abtropfen lassen. Mit Frischkäse und etwas Pfeffer im Blitzhacker zu einer glatten Creme pürieren. Den Bergkäse grob reiben. Die Salatblätter waschen, trocken tupfen und in Streifen schneiden.

Eine Pfanne erhitzen und die Wraps darin erwärmen. Dann mit der Bohnencreme bestreichen, mittig mit Salat, gebratener Gemüsemasse und geriebenem Käse belegen. Das untere Wrapviertel über der Füllung einschlagen, dann den Wrap von rechts nach links straff aufrollen. Nach Belieben mit etwas Thymian dekoriert servieren.

Stillende Mamas brauchen eine Extraportion Protein. Davon steckt jede Menge in dieser Eiermahlzeit. Die schmeckt morgens, mittags, abends und macht lange satt.

NUSSOMELETT
mit Cranberrys

Für 2 Portionen • Zubereitung: 10 Min. • Garen: 12 Min.
Pro Portion: 470 kcal, 20 g EW, 38 g F, 13 g KH

40 g Parmesan • 3 Eier • 75 g Sahne • weißer Pfeffer
30 g getrocknete Cranberrys • 25 g Haselnusskerne • 1 EL Butter

Den Parmesan grob reiben. Mit Eiern, Sahne und Pfeffer in einer Schüssel mit dem Schneebesen gründlich verquirlen.

Die Cranberrys hacken. Die Haselnüsse ebenfalls hacken und in einer beschichteten Pfanne (etwa 22 cm Durchmesser) ohne Fett bei starker Hitze 5 Minuten goldbraun anrösten. Die Nüsse aus der Pfanne nehmen.

Die Butter in der Pfanne zerlassen, die Eiermasse hineingeben und bei schwacher bis mittlerer Hitze anbraten. Die Cranberrys und die Haselnüsse daraufstreuen. Den Deckel auflegen und das Omelett bei schwacher Hitze 10 bis 12 Minuten stocken lassen.

TIPP: Parmesan wird mit tierischem Lab hergestellt. Ich mag Parmesan und knicke da in meinem Vegetariertum des Genusses wegen ein. Wer das nicht möchte, kann einfach einen anderen Hartkäse verwenden, der mit mikrobiellem Lab hergestellt wurde, wie beispielsweise Montello.

BAUERNBROT
mit Kürbis

Für 2 Portionen • Zubereitung: 20 Min.
Pro Portion: 285 kcal, 12 g EW, 12 g F, 33 g KH

80 g Räuchertofu • 3 TL Olivenöl • 300 g Hokkaidokürbis • Salz
Pfeffer aus der Mühle • 1 TL Zucker • 1 EL Weißweinessig • 1 Zweig Thymian
20 g Rucola • 1 großer Champignon • 2 Scheiben Bauernbrot
2 EL körniger Frischkäse

Den Räuchertofu in sehr fein würfeln. 1 TL Olivenöl in einer beschichteten Pfanne erhitzen, den Tofu darin bei starker Hitze 5 bis 10 Minuten kross anbraten. Während der Tofu brät, den Kürbis putzen, waschen, entkernen und in kleine Würfel schneiden.

Den Tofu salzen, pfeffern, aus der Pfanne nehmen und beiseitestellen. 1 TL Olivenöl in der Pfanne erhitzen und die Kürbiswürfel darin bei mittlerer Hitze 5 Minuten anbraten. Den Zucker darüberstreuen und karamellisieren lassen. Mit Essig ablöschen.

Den Thymian waschen, trocken schütteln und die Blättchen abzupfen. Den Rucola verlesen, waschen und trocken schütteln, grobe Stiele entfernen. Den Champignon putzen und auf dem Gemüsehobel in feine Scheiben schneiden. Die Pilzscheiben mit dem restlichen Olivenöl, Salz und Pfeffer mischen.

Die Brotscheiben mit dem Frischkäse bestreichen und mit Tofu und Kürbis belegen. Thymian und Rucola daraufstreuen und die marinierten Pilzscheiben auf den Broten verteilen.

TIPP: Tofu und Pilze verursachen bei manchen Frauen einen Blähbauch. In den ersten Tagen und Wochen nach der Geburt kann das unangenehm sein. Wenn Sie wissen, dass Sie auf beide Zutaten entsprechend reagieren, lassen Sie diese einfach weg. Braten Sie sich stattdessen ein Spiegelei – dann sind Sie ebenfalls gut mit Eiweiß versorgt, ohne die für Sie unangenehmen Nebenwirkungen.

Hilfe, ich habe den
BABYBLUES

Die Geburt ist überstanden, Sie sind Mutter geworden – was lebenslange Verantwortung bedeutet, wird Ihnen erst jetzt richtig klar. Die Hormone sorgen für eine überbordende Emotionalität, die Brüste schmerzen, der Schlafmangel sorgt für zusätzliche Instabilität – dass junge Mütter hier an ihre Grenzen geraten, ist völlig verständlich.

BABYBLUES ODER WOCHENBETTDEPRESSION?

Etwa 80 Prozent aller frischgebackenen Mütter leiden am Babyblues. Meist dauert diese Phase etwa eine Woche und hat sich dann von selbst erledigt. Sollte der Babyblues jedoch länger anhalten oder extreme Formen annehmen, müssen Sie das dringend ärztlich abklären lassen. Denn in 15 Prozent aller Fälle kann sich daraus eine Wochenbettdepression, auch postpartale Depression genannt, entwickeln. Diese belastet nicht nur die Mutter selbst, sondern auch die Beziehung zum Kind und kann im schlimmsten Fall dessen Entwicklung beeinträchtigen. Je nach Schweregrad wird eine Depression mittels einer Therapie, Medikamenten und gegebenenfalls mit einem Klinikaufenthalt behandelt. Das Wichtigste ist, sich nicht zu schämen, sondern rechtzeitig darüber zu sprechen und Hilfe anzunehmen.

Nach einer Odyssee von Verwandtenbesuchen und einem Aufenthalt in der Kinderklinik sind wir nach der Geburt endlich zu Hause. Keiner zerrt mehr an mir, ich sitze mit meinem Baby auf der Couch und bin … todtraurig. Sogar mehr als das. Ich habe schlimme Gedanken, die ich gar nicht haben dürfte, und traue mich nicht, darüber zu reden. Nur meine Hebamme merkt, was los ist, und schickt mich zu einer Spezialistin. Von da an konnte ich die Zeit mit meinem Baby genießen.

Gegen den Blues
SYMPTOME UND HILFE

Symptome eines Babyblues

- Heulattacken
- Angst
- keine Gefühle für das Neugeborene
- Zwangsgedanken, die sich gegen das Kind richten
- dauerhafte Nervosität
- alles infrage stellen
- extreme Unsicherheit
- Unselbstständigkeit
- das Gefühl, keine gute Mutter zu sein
- Schlafstörungen
- Schreckhaftigkeit
- Überforderung und Panik

Das hilft

Nachts mal durchschlafen und das Kind dem Partner übergeben. So kommen Sie zur Ruhe und wieder zu Kräften. Bitten Sie Ihren Partner, Besuche von Freunden oder Verwandten zu reduzieren oder ganz abzusagen. Bitten Sie Ihre Familie oder enge Freunde um Hilfe oder stellen Sie bei Ihrer Krankenkasse einen Antrag auf eine Haushaltshilfe.

Die Gründe

Schuld am Babyblues ist die Hormonumstellung nach der Geburt, gepaart mit den Anforderungen der neuen Situation als Eltern und Schlafmangel – das ist also alles ganz normal und geht meist nach wenigen Tagen vorüber.

Sie sind nicht schuld, Sie sind keine schlechte Mutter! Der Babyblues oder gar eine Depression kommen einfach – aber es gibt Hilfe und es geht vorbei.

Das hilft auch noch
gegen Babyblues

Eine Portion Glück

Wenn Sie sich erschöpft, müde und ein wenig traurig fühlen, kann Ihr Partner oder eine Freundin Ihnen vielleicht eines der beiden folgenden Rezepte zubereiten – je nachdem, ob Sie eher der herzhafte oder der süße Typ sind. Die Rezepte sind reich an Tryptophan, einer Aminosäure, die Vorstufe des Glückshormons Serotonin ist.

Trost-Schoko-Crossies

Für 10 Stück **100 g Bitterschokolade** (oder Kuvertüre) in Stücke brechen, in eine Metallschüssel geben und über einem heißen Wasserbad schmelzen. Inzwischen **30 g getrocknete Aprikosen** sehr fein würfeln. **80 g Cashewkerne** hacken und in einer Pfanne ohne Fett anrösten. Die flüssige Schokolade mit den Aprikosenwürfeln und Cashewkernen mischen. Aus der Masse mit einem Esslöffel 10 Häufchen abnehmen, auf ein Stück Backpapier setzen und fest werden lassen. Die Schoko-Crossies halten sich im Kühlschrank bis zu 2 Wochen.

Brie-Preiselbeer-Brote

Für 2 Brote den Backofen auf 220 °C vorheizen.
2 Scheiben Kastenweißbrot (oder Roggensauerteigbrot) mit **2 TL Wildpreiselbeeren** (aus dem Glas) bestreichen. **100 g Brie** in Scheiben schneiden und die Brote damit belegen. Ein Ofengitter mit Backpapier belegen, die Brote daraufsetzen und im Ofen auf der mittleren Schiene 15 Minuten backen, bis der Käse geschmolzen ist.

<u>TIPP</u>: Die Brote lassen sich nach Belieben verfeinern, etwa mit Rosmarin und Zwiebeln. Dafür die Nadeln von 1 Zweig Rosmarin abzupfen und fein hacken. 1 rote Zwiebel schälen und in Ringe schneiden. Die Zwiebelringe in 1 TL Öl anbraten und auf den Broten verteilen, mit Rosmarin bestreuen.

Eine Geburt ist kräftezehrend, aber am Ende halten Sie die schönste Belohnung der Welt in den Armen. Diese Suppe wärmt und spendet Kraft, ohne Magen und Darm unnötig zu belasten. Und sie ist superschnell zubereitet!

KRAFTSUPPE
mit Reis

Für 2 Portionen • Zubereitung: 15 Min.
Pro Portion: 170 kcal, 4 g EW, 6 g F, 25 g KH

½ l Gemüsebrühe oder -fond • 50 g Basmatireis
1 Möhre • ½ Noriblatt (Algenblatt; Asien- oder Bioladen)
2 TL geröstetes Sesamöl • Sojasauce (nach Belieben)

Die Brühe oder der Fond mit dem Reis in einem kleinen Topf zugedeckt zum Kochen bringen. Inzwischen die Möhre putzen, schälen und mit dem Sparschäler längs in feine Streifen schneiden.

Das Noriblatt mit der Schere in feine Streifen schneiden und diese mit den Möhrenstreifen in die Suppe geben. Die Suppe weitere 10 Minuten kochen lassen, dann auf zwei Schalen verteilen und mit Sesamöl und nach Belieben etwas Sojasauce beträufeln.

TIPP: Diese kräftigende Suppe ist eine abgewandelte Form der koreanischen Wochenbettsuppe, die dort allen Wöchnerinnen empfohlen wird. Das Basisrezept können Sie nach Lust, Laune und Verträglichkeit aufpeppen, z. B. mit Seidentofuwürfeln, Frühlingszwiebelringen, Ingwer, Knoblauch, Spinat, Pak Choi, Koriandergrün und Chili.

STILLZEIT

Wer hat schon Lust, lange zu kochen, wenn das Baby bespaßt oder beschmust werden will? Ich jedenfalls nicht. Daher liebe ich diese Ratzfatzsuppe, die so wunderbar würzig schmeckt und rundum satt und zufrieden macht.

NUDELSUPPE
mit Pak Choi

Für 2 Portionen • Zubereitung: 20 Min.
Pro Portion: 480 kcal, 18 g EW, 12 g F, 73 g KH

200 g Pak Choi • 1 l Gemüsebrühe • 1 TL grüne Currypaste
150 g Pho-Nudeln (breite Reisnudeln) • 120 g TK-Edamame (unreife Sojabohnen)
2 Frühlingszwiebeln (nur die hellen Teile) • 50 g braune Champignons
200 g Seidentofu • 2 TL geröstetes Sesamöl • Salz • Sojasauce (nach Belieben)

Den Pak Choi putzen und waschen, die grünen Blätter in Streifen, die dicken weißen Teile in Würfel schneiden. Die Brühe in einem Topf zum Kochen bringen und die Currypaste darin auflösen. Die Nudeln, die Pak-Choi-Würfel und die Edamame hinzufügen und offen 7 Minuten in der Brühe garen.

Inzwischen die Frühlingszwiebeln putzen, waschen und in feine Ringe schneiden. Die Champignons putzen, bei Bedarf trocken abreiben und in dünne Scheiben schneiden. Zusammen mit den Pak-Choi-Streifen und den Frühlingszwiebeln in die Suppe geben und alles weitere 3 Minuten kochen lassen.

Den Seidentofu abtropfen lassen, in Würfel schneiden und auf zwei Schüsseln verteilen. Die Suppe darübergeben und jeweils mit 1 TL geröstetem Sesamöl beträufeln. Nach Belieben mit Salz und Sojasauce abschmecken.

TIPP: Keinen Pak Choi gefunden? Dann nehmen Sie Mangold oder frischen Spinat. Edamame gibt es nicht? Dicke Bohnen (TK) oder Erbsen sind ebenfalls proteinreich.

Für alle Mamas gibt es ab jetzt buddhistische Gelassenheit zum Essen:
B-Vitamine, Tryptophan und Magnesium stärken die Nerven, sorgen für gute
Stimmung und wirken gegen Stress.

BUDDHA-BOWL
mit Bulgur

Für 2 Portionen • Zubereitung: 20 Min.
Pro Portion: 580 kcal, 19 g EW, 28 g F, 62 g KH

100 g Bulgur • Salz • 1½ TL gemahlene Kurkuma • 1 EL Olivenöl
Saft und abgeriebene Schale von 1 Bio-Zitrone • 75 g Kichererbsen (aus der Dose)
50 g Walnusskerne • ½ TL Kreuzkümmelsamen • 1 Möhre (75 g) • 50 g Blattspinat
150 g Naturjoghurt • 1 EL Agavendicksaft • Pfeffer aus der Mühle
4 Stiele Petersilie • 30 g getrocknete Cranberrys

Den Bulgur mit 300 ml Wasser, ½ TL Salz, Kurkuma, Olivenöl und der Hälfte des Zitronensafts in einem Topf nach Packungsanweisung aufkochen und quellen lassen.

Inzwischen die Kichererbsen in einem Sieb abbrausen und abtropfen lassen. Die Walnüsse in einer beschichteten Pfanne ohne Fett bei mittlerer Hitze 10 Minuten rösten, dann aus der Pfanne nehmen. Den Kreuzkümmel in der Pfanne rösten, bis er aromatisch duftet, und anschließend im Mörser fein zermahlen.

Möhre putzen, schälen und schräg in dünne Scheiben schneiden. Spinat verlesen, waschen und trocken schütteln. Stiele abtrennen und fein hacken, Blätter in Streifen schneiden.

Joghurt, Agavendicksaft, Kreuzkümmel, Zitronenschale und restlichen Zitronensaft zu einem Dressing verrühren. Das Dressing mit Salz und Pfeffer abschmecken.

Petersilie waschen und trocken schütteln. Die Blätter abzupfen, grob hacken und unter den Bulgur mischen. Bulgur auf zwei Schüsseln verteilen. Kichererbsen, Walnüsse, Möhre, Spinat und Cranberrys auf jeder Bowl anrichten und das Joghurtdressing darübergeben.

Der Tomatenbulgur ist eines meiner Lieblingsrezepte, weil er komplett mit Zutaten aus dem Vorrat gezaubert wird: Dafür bleibt auch im größten Babystress noch Zeit. Tomaten, Spinat und Bulgur liefern außerdem viele wertvolle Nährstoffe.

TOMATENBULGUR
mit Spinat

Für 2 Portionen • Zubereitung: 20 Min.
Pro Portion: 355 kcal, 15 g EW, 7 g F, 57 g KH

1 Knoblauchzehe • 1 EL Olivenöl • ½ TL Bockshornkleesamen
1½ TL gemahlene Kurkuma • 150 g Bulgur • 200 g TK-Blattspinat
1 Dose Tomaten (400 g) • Salz • 1 Msp. gemahlene Chili
1 TL Vollrohrzucker

Den Knoblauch schälen und fein würfeln. Das Olivenöl in einer tiefen Pfanne erhitzen und den Knoblauch mit Bockshornkleesamen und Kurkuma kurz darin anrösten.

Bulgur, gefrorenen Spinat und die Tomaten dazugeben. Die Tomatendose zur Hälfte mit Wasser füllen und dieses ebenfalls in die Pfanne geben. 1 TL Salz und Chili unterrühren.

Den Tomatenbulgur aufkochen und zugedeckt bei schwacher Hitze 10 Minuten köcheln lassen. Vor dem Servieren den Zucker unterrühren.

TIPP: Den Bulgur können Sie natürlich auch mit frischen Tomaten und frischem Spinat zubereiten. Beides vorher waschen und klein schneiden. Und wer keine Lust auf Bulgur hat, nimmt einfach Reis, Hirse oder Quinoa.

Hier können hungrige Still-Mamas richtig zuschlagen: Die Nudelmenge und damit der Anteil an Kohlenhydraten ist nämlich reduziert – stattdessen wird eine große Portion „Zudeln" (Zucchininudeln) untergemischt.

ZUCCHINISPAGHETTI
mit Zuckerschoten

Für 2 Portionen • Zubereitung: 20 Min.
Pro Portion: 370 kcal, 17 g EW, 7 g F, 59 g KH

2 Zucchini (ca. 350 g) • 125 g Vollkornspaghetti • Salz • 2 Knoblauchzehen
1 Frühlingszwiebel • 4 Zweige Thymian • 200 g Zuckerschoten • 2 TL Olivenöl
Pfeffer aus der Mühle • 125 g Cocktailtomaten (gelb und/oder rot)

Zucchini putzen, waschen und mit einem Spiralschneider zu Spiralen drehen. Die Vollkornspaghetti in reichlich kochendem Salzwasser nach Packungsanweisung bissfest garen.

Inzwischen den Knoblauch schälen und fein würfeln. Die Frühlingszwiebel putzen, waschen und schräg in feine Ringe schneiden. Den Thymian waschen und trocken schütteln, die Blättchen abzupfen. Die Zuckerschoten putzen, waschen und 2 Minuten vor Ende der Garzeit zu den Spaghetti geben. Dann beides in ein Sieb abgießen und abtropfen lassen.

Das Olivenöl in einer großen beschichteten Pfanne erhitzen, Knoblauch und Frühlingszwiebelringe darin 2 Minuten anbraten. Zucchinispiralen und Thymian dazugeben und 4 Minuten mitbraten. Spaghetti und Zuckerschoten hinzufügen und alles mit Salz und Pfeffer abschmecken. Die Tomaten waschen, halbieren und unterheben.

TIPP: Wenn Sie keinen Spiralschneider besitzen, können Sie die Zucchini zuerst mit einem Sparschäler in breite Streifen und diese dann mit einem Messer zu Bandnudeln schneiden. In diesem Fall sollten Sie Vollkornbandnudeln statt -spaghetti verwenden. Übrigens: Mehr Biss und Aroma bekommt das Gericht, wenn man noch 2 EL geröstete Pinienkerne untermischt.

Currypulver ist nicht gleich Currypulver. Es gibt Hunderte unterschiedliche Varianten, von mild bis höllisch scharf. Probieren Sie also ruhig verschiedene Sorten aus und finden Sie Ihr Lieblingscurrypulver.

CURRYNUDELN
mit Pak Choi

Für 2 Portionen • Zubereitung: 30 Min.
Pro Portion: 655 kcal, 27 g EW, 19 g F, 95 g KH

200 g Tofu • 2 EL Öl • 1 TL Honig • 1 TL Sojasauce
1 großer Pak Choi • Salz • 250 g Soba-Nudeln (Asien- oder Bioladen)
2 TL geröstetes Sesamöl • 1 TL Currypulver (Sorte nach Belieben)

Den Tofu abtropfen lassen, eventuell mit Küchenpapier vorsichtig trocken tupfen und in möglichst feine Würfel schneiden. 1½ EL Öl in einer Pfanne erhitzen und die Tofuwürfel darin bei mittlerer Hitze unter häufigem Wenden knusprig anbraten.

Für die Marinade Honig und Sojasauce verrühren, die Mischung zum Tofu in die Pfanne geben und kurz einkochen lassen. Herausnehmen und auf einem Teller beiseitestellen.

Den Pak Choi putzen, waschen und in feine Streifen schneiden. Restliches Öl in der Pfanne erhitzen und den Pak Choi 2 bis 3 Minuten darin schwenken. Leicht mit Salz würzen.

Die Nudeln nach Packungsanweisung in kochendem Salzwasser etwa 4 Minuten garen. In ein Sieb abgießen und abtropfen lassen. Sesamöl mit Curry und etwas Salz verrühren, das Würzöl unter die Nudeln mischen. Nudeln mit Pak Choi und gebratenem Tofu servieren.

TIPP: Sie haben Pak Choi übrig? Dann probieren Sie doch gleich noch die Nudelsuppe von Seite 91 aus.

NUDELPUFFER
mit Limettenschmand

Für 2 Portionen • Zubereitung: 40 Min.
Pro Portion: 625 kcal, 14 g EW, 47 g F, 35 g KH

½ Bio-Salatgurke • 4 Stiele Koriander • 1 Bio-Limette • 2 TL Sojasauce
1 TL Agavendicksaft • 2 EL geröstetes Sesamöl • 2 EL geröstete Sesamsamen
200 g Ramen-Nudeln (Asien- oder Bioladen) • 1 Frühlingszwiebel • ½ rote Chilischote
Salz • 1 Ei • 2 EL Kokosfett • 1 haselnussgroßes Stück Ingwer • 150 g Schmand

Für den Salat die Gurke waschen und auf dem Gemüsehobel in feine Scheiben hobeln.
Den Koriander waschen und trocken schütteln, die Blätter abzupfen und fein hacken.
Die Limette heiß waschen und trocken reiben, die Schale abreiben und für den Schmand
beiseitestellen. Die Limette halbieren und den Saft auspressen. Limettensaft, Sojasauce,
Agavendicksaft, Sesamöl und Sesamsamen zu einem Dressing verrühren. Die Gurken-
scheiben und den Koriander mit dem Dressing mischen.

Für die Puffer die Nudeln in kochendem Wasser 4 Minuten garen. In ein Sieb abgießen,
kalt abschrecken und abtropfen lassen. Die Frühlingszwiebel putzen, waschen und in feine Ringe schneiden. Die Chili längs aufschneiden, entkernen, waschen und fein hacken.
Frühlingszwiebel, Chili, ½ TL Salz, Nudeln und das Ei in einer Schüssel gründlich mischen.

Aus der Nudelmasse nach und nach kleine Puffer braten. Dafür jeweils 1 EL Kokosfett
für 2 bis 3 Puffer in einer Pfanne erhitzen. Pro Puffer etwas Nudelmasse mit einer Gabel
zu einem Bratling eindrehen, diesen in die Pfanne setzen und leicht flach drücken. Die
Puffer bei mittlerer Hitze auf jeder Seite 5 bis 6 Minuten braten.

Inzwischen für den Limettenschmand den Ingwer schälen und fein reiben. Mit der bei-
seitegestellten Limettenschale unter den Schmand rühren. Den Schmand mit wenig Salz
würzen und mit dem Gurkensalat zu den Nudelpuffern servieren.

Wie Veggie Moms
CLEVER *kochen*

Mit einem Baby hat kaum jemand Lust, stundenlang in der Küche zu stehen. Da sind andere Dinge wichtig: kuscheln, schlafen, Windeln wechseln, stillen, spazieren gehen ... und schon ist der Tag rum. Wie gut, dass es clevere Basics und Tricks gibt, mit deren Hilfe Sie sich schnell etwas Leckeres zaubern können.

BASISREZEPT TOMATENSUGO

Den Sugo können Sie vor der Geburt auf Vorrat zubereiten und einkochen. Er ist bis zu 1 Jahr haltbar und bildet die Basis für Saucen, Gratins oder Eintöpfe.

Für 2 Gläser (à ca. 500 ml) **750 g Tomaten** waschen und würfeln, dabei die Stielansätze entfernen. **1 Fenchelknolle** putzen, waschen und klein würfeln. **1 Bund italien. Kräuter** waschen und trocken schütteln, Blätter abzupfen und fein hacken. **1 EL Olivenöl** in einem Topf erhitzen und den Fenchel darin bei starker Hitze anbraten. Tomaten, Kräuter, **1 EL Olivenöl, 1 Prise Zucker, 1 TL Salz** und **etwas Pfeffer** hinzufügen. Zugedeckt bei schwacher Hitze 30 Minuten köcheln lassen. Den Sugo mit Pfeffer und Salz abschmecken, heiß in saubere Twist-off-Gläser füllen, verschließen und 30 Minuten bei 90 °C im Wasserbad einkochen.

Ein gängiger Ratschlag in Elternzeitschriften lautet: „Essen für die Zeit nach der Geburt vorkochen und einfrieren." Doch ich weiß ja vor der Geburt nicht, worauf ich danach Lust habe. Bei uns lief es so: Wir haben mal Essen bestellt, mal hat unser Besuch etwas mitgebracht oder wir haben nach wie vor gekocht – das Baby lag auf einer Decke auf dem Küchenboden. Deshalb mein Rat: Es reicht, für den Notfall zwei, drei Freezer Meals (siehe Seite 104) und Nudeln mit Pesto daheim zu haben.

STILLZEIT

Für frischgebackene Eltern:
VORRATSBASICS

Viele Lebensmittel erleichtern den Kochalltag und bieten die Basis für leckere und schnelle Gerichte:

fertiger Blätterteig, Pizzateig, Strudelteig
frische Nudeln aus dem Kühlregal
gewaschener, verzehrfertiger Salat
Kichererbsen, Kidneybohnen, weiße Bohnen, Mais aus der Dose
getrocknete rote Linsen
geraspelter Käse
Tomatenmark und Tomaten aus der Dose
Pesto aus dem Glas
Feta und Mozzarella
Tiefkühlkräuter, -gemüse und -beeren
Oliven und geröstete Paprika aus dem Glas
Pitabrötchen und Tortillawraps
Couscous
verschiedene Nüsse und Samen
Kokosmilch
H-Sahne und H-Milch

Jetzt brauchen Sie nur noch Salat, Kichererbsen, Feta und Cocktailtomaten mit einem Essig-Öl-Dressing mischen – und fertig ist ein Salat! Oder wie wäre es mit Blätterteigtaschen, gefüllt mit einer Masse aus TK-Spinat, Oliven und Feta? Oder einem Kokoscouscous mit roten Linsen, gerösteten Paprikastreifen und Frühlingszwiebelringen? Sie können mit den Basiszutaten schnell, frisch und abwechslungsreich kochen. Frische Lebensmittel, die Ihre Gerichte verfeinern und kaum Arbeit in der Küche machen, sind Frühlingszwiebeln, Cocktailtomaten, Zucchini und Fenchel.

Freezer Meals
schnell und superpraktisch

Knackig-frische Tiefkühlkost

Freezer Meals kommen aus den USA und sind eine tolle Erfindung: Gerichte werden roh, aber gewürzt eingefroren, sodass sie nur noch im Topf gekocht werden müssen. Alles ist knackig und frisch statt matschig aufgewärmt. Wer keine Zeit fürs Frühstück findet, kann einfach den Inhalt eines Smoothiebeutels in den Mixer werfen und mit heißer (!) Flüssigkeit pürieren. Ein superschnelles Essen ist das schon fertig gewürzte Curry, das nur noch mit Kokosmilch aufgekocht und fertig gegart wird.

Gelber Smoothie

Für 2 Gläser (à 250 ml) **75 g Mangofruchtfleisch** (von ca. ¼ Mango) in kleine Würfel schneiden. **1 kleinen Apfel** (ca. 125 g) vierteln und das Kerngehäuse entfernen. **1 kleine Banane** schälen und ebenso wie den Apfel klein würfeln. Mit **½ TL gemahlener Kurkuma** in einen Gefrierbeutel füllen und im Tiefkühlfach gefrieren lassen. Das Obst bei Bedarf aus dem Gefrierfach nehmen. **350 ml Möhrensaft** aufkochen und vom Herd nehmen. Das Obst mit dem Möhrensaft und **1 EL Rapsöl** im Mixer glatt pürieren. Noch schneller geht es mit kochendem Wasser und Rapsöl.

Kürbis-Linsen-Curry

Für 2 Portionen
Zubereitung: 15 Min. • Garen: 15 Min.

1 haselnussgroßes Stück Ingwer • ½ rote Chilischote
1 kleiner Hokkaidokürbis (ca. 400 g) • 1 EL Honig
100 g rote Linsen • ½ TL gemahlene Kurkuma
je 1 TL gemahlener Koriander und Kreuzkümmel
Salz • 400 ml Kokosmilch

Ingwer schälen und fein hacken. Chili längs aufschneiden, entkernen, waschen und fein hacken. Den Kürbis waschen, vierteln, entkernen und klein würfeln. Alle vorbereiteten Zutaten mit Honig, Linsen, Kurkuma, Koriander, Kreuzkümmel und 1 TL Salz in einen Gefrierbeutel füllen und im Tiefkühlfach gefrieren lassen. Bei Bedarf die gefrorenen Curryzutaten mit der Kokosmilch in einem Topf aufkochen und bei schwacher Hitze etwa 15 Minuten weich köcheln lassen.

REICH AN KAROTIN

Grüner Smoothie

Für 2 Gläser (à 250 ml) **50 g Grünkohl** waschen, die Blätter von den Stielen schneiden und fein hacken. **¼ Bio-Salatgurke** waschen und fein würfeln. **50 g Fenchel** waschen und ebenfalls in feine Würfel schneiden, dabei den Strunk entfernen. **100 g grüne Weintrauben** waschen und halbieren. **150 g Mangofruchtfleisch** (von ca. ½ Mango) klein schneiden. **75 g Rucola** verlesen, waschen, trocken schütteln und klein hacken. Alles in einem Gefrierbeutel im Tiefkühlfach gefrieren lassen. Bei Bedarf aus dem Beutel nehmen und mit **350 ml kochendem Wasser** im Mixer fein pürieren. Mit **1 EL Hanfsamen** bestreuen und nach Belieben mit **Zucker** abschmecken.

KÜRBISPIE
mit Rote-Bete-Salat

Für 1 Tarteform von 28 cm Ø (6 Stücke)
Zubereitung: 35 Min. • Backen: 35 Min.
Pro Stück: 475 kcal, 17 g EW, 33 g F, 29 g KH

500 g Kürbis (z. B. Muskatkürbis) • 125 g eiskalte Butter • 250 g Quark (20 % Fett)
180 g Dinkelmehl (Type 630) • 10 g Kakaopulver • 75 g Sahne • 2 Eier
100 g geriebener Emmentaler • Salz • Pfeffer aus der Mühle
1 kleine Rote Bete (ca. 100 g) • 50 g Postelein (Portulak) • 1 EL Rapsöl
1 EL Apfelessig • Fett für die Form • Mehl zum Ausrollen

Den Backofen auf 180 °C (Umluft) vorheizen. Für die Füllung den Kürbis halbieren, entkernen und auf einem Backblech im Ofen auf der mittleren Schiene 20 Minuten garen. Das Fruchtfleisch mit einem Löffel aus der Schale herauslösen und abkühlen lassen.

Inzwischen die Tarteform einfetten. Für den Teig die Butter in Würfel schneiden, mit der Hälfte des Quarks, Mehl und Kakao mit den Knethaken der Küchenmaschine oder des Handrührgeräts zu einem Teig verkneten. Den Teig auf der bemehlten Arbeitsfläche zu einem Kreis von etwa 32 cm Durchmesser ausrollen und die Form damit auskleiden.

Kürbisfleisch, restlichen Quark, Sahne, Eier und Emmentaler in einem hohen Rührbecher mit dem Stabmixer glatt pürieren. Die Masse mit Salz und Pfeffer würzen und auf dem Teig verstreichen. Die Pie im Ofen auf der mittleren Schiene 35 Minuten backen.

Inzwischen für den Salat die Rote Bete schälen und auf dem Gemüsehobel in dünne Scheiben schneiden. Postelein verlesen, waschen und trocken schütteln. Für das Dressing Öl, Essig, etwas Salz und Pfeffer verrühren. Postelein und Rote Bete mit dem Dressing mischen. Die Pie aus dem Ofen nehmen, den Salat darauf verteilen oder dazu servieren.

TIPP: Die Zubereitung dauert etwas länger und man kann die Pie leider kaum kleiner backen. Macht aber nichts: Sie schmeckt warm und kalt, als Snack oder Hauptmahlzeit, mit und ohne Rohkost on top. Einmal kochen, dreimal essen – yeah!

Echtes Superfood für Veggie Moms: Eier liefern neben hochwertigem Eiweiß auch viel Vitamin B$_{12}$ und Hirse punktet mit ihrem hohen Eisengehalt. Genau richtig also, um die bei Vegetariern oft kritischen Nährstoffe wieder aufzutanken.

RICOTTA-AUFLAUF
mit Hirse

Für 2 Portionen • Zubereitung: 15 Min. • Backen: 15 Min.
Pro Portion: 1010 kcal, 55 g EW, 64 g F, 53 g KH

100 g Hirse • 400 g Zucchini • 150 g Cocktailtomaten • 5 Salbeiblätter
250 g Mozzarella • 3 Eier • 250 g Ricotta • Salz • Pfeffer aus der Mühle
30 g Pinienkerne • Fett für die Form

Die Hirse in einem Sieb unter fließendem heißem Wasser abbrausen. In einem Topf mit 200 ml Wasser aufkochen und zugedeckt bei schwacher Hitze 5 Minuten kochen lassen. Den Topf von der Herdplatte nehmen und die Hirse 10 Minuten quellen lassen. In ein Sieb geben, mit der Gabel durchrühren und abkühlen lassen.

Den Backofen auf 200 °C vorheizen. Inzwischen die Zucchini putzen, waschen und mit dem Sparschäler längs in dünne Streifen schneiden. Die Cocktailtomaten waschen und abtropfen lassen. Die Salbeiblätter waschen, trocken tupfen und in Streifen schneiden. Den Mozzarella abtropfen lassen und mit den Fingern fein zerzupfen.

Die Eier mit Ricotta und Salbei verquirlen, die Masse mit Salz und Pfeffer kräftig würzen. Die Hirse in eine Schüssel füllen und die Eiermasse untermischen.

Eine Auflaufform (ca. 23 x 16 cm) leicht einfetten und die Ricotta-Hirse-Masse darin verteilen. Zucchini, Tomaten und Mozzarella daraufgeben und die Pinienkerne darüberstreuen. Den Auflauf im Ofen auf der mittleren Schiene etwa 25 Minuten backen.

ANTI-STRESS-FUTTER

STILLZEIT

Milch, Milchreis, Mandelmus und Brombeeren sind die Zutaten für Mama-Soulfood vom Feinsten – viele Mineralstoffe wie Kalzium aus der Milch und Vitamine aus Mandeln und Beeren inklusive. Vielleicht bekommt Papa ja auch einen Löffel?

MANDELMILCHREIS
mit Brombeeren

Für 2 Portionen • Zubereitung: 25 Min.
Pro Portion: 435 kcal, 13 g EW, 10 g F, 71 g KH

200 ml Milch • 150 g Milchreis • 1 EL weißes Mandelmus (Bioladen) • Salz
2 EL Mandelstifte • 75 g Brombeeren • 1 EL Zucker

Milch, Reis, Mandelmus und 1 Prise Salz mit ¼ l Wasser in einem Topf einmal aufkochen und anschließend zugedeckt bei schwacher Hitze 20 Minuten köcheln lassen, dabei immer wieder umrühren.

Inzwischen die Mandelstifte in einer Pfanne ohne Fett goldbraun anrösten, dann aus der Pfanne nehmen. Die Brombeeren verlesen, waschen und trocken tupfen.

Den Zucker unter den Milchreis rühren. Den Milchreis mit Mandeln und Brombeeren bestreut servieren.

TIPP: Der Milchreis schmeckt mit allen Beeren, frisch oder aus der Tiefkühltruhe. Aber auch mit Äpfeln, Birnen, Pfirsichen, Orangen, Feigen, Pflaumen, Mango …

Die Original-Stillkugeln hat die Hebamme und Buchautorin Ingeborg Stadelmann entwickelt. Dies ist eine Adaption ihres Rezepts. Stillkugeln versorgen Mütter mit Ballaststoffen und Eiweiß. Sie sind ideal, wenn Sie mal nicht zum Essen kommen oder einen gesunden Snack brauchen. Da die Stillkugeln aber sehr gehaltvoll sind, gilt: in Maßen essen!

STILLKUGELN
mit Cranberrys

Für 18 Stück • Zubereitung: 10 Min. • Kühlen: 3 Std.
Pro Stück: 130 kcal, 3 g EW, 8 g F, 12 g KH

50 g Ghee (ind. Butterschmalz) • 50 g Kokosöl • 100 g geschrotete Gerste
100 g geschroteter Hafer • 100 g gekochter Naturreis • 50 g Honig
30 g getrocknete Cranberrys • 30 g Sonnenblumenkerne • 4 EL Sesamsamen

Das Ghee mit dem Kokosöl in einer Schüssel über einem heißen Wasserbad zerlassen. Gerste, Hafer, Reis, Honig, Cranberrys und Sonnenblumenkerne in eine große Schüssel geben. Die Fettmischung dazugeben und alles gründlich mischen. Die Masse im Kühlschrank etwa 30 Minuten ruhen lassen.

Die Sesamsamen in einen tiefen Teller geben. Aus der Getreidemasse mit angefeuchteten Händen 18 golfballgroße Kugeln formen und diese rundherum im Sesam wälzen. Die Kugeln im Kühlschrank mindestens 3 Stunden fest werden lassen. In einer gut schließenden Vorratsdose sind sie im Kühlschrank 3 bis 4 Tage haltbar.

TIPP: Zwar lässt die Bezeichnung „Kokosöl" an flüssiges Fett denken, doch in unseren Breiten ist das Fett der Kokosnuss auch bei Zimmertemperatur nur an wirklich warmen Sommertagen flüssig – anders als in den warmen Heimatländern der Kokosnuss. Die Hersteller verwenden den Begriff „Kokosöl" bei uns deshalb eher als Abgrenzung zum stärker verarbeiteten und geschmacksneutralen Kokosfett.

EIWEISS-
KICK

MILCH-
BILDEND

PROTEINSHAKE

Für 2 Gläser (à 250 ml) • Zubereitung: 5 Min.
Pro Glas: 165 kcal, 11 g EW, 7 g F, 13 g KH

1 Banane • 3 TL feines Erdnussmus • ¼ TL gemahlene Vanille
150 g Quark (20 % Fett)

Die Banane schälen und in grobe Stücke teilen. Erdnussmus, Vanille, Quark, Bananenstücke und 300 ml warmes Wasser im Mixer glatt pürieren. Alternativ die Zutaten in einem hohen Rührbecher mit dem Stabmixer cremig pürieren.

TIPP: Feines Erdnussmus erhalten Sie im Bioladen. Anders als die im Supermarkt fast ausschließlich erhältliche Erdnusscreme (Peanut butter) besteht das Mus zu 100 Prozent aus Erdnüssen und enthält weder Zucker noch zusätzliches Fett.

STILLKAKAO

Für 1 Glas (300 ml) • Zubereitung: 10 Min.
Pro Glas: 155 kcal, 6 g EW, 6 g F, 18 g KH

¼ TL Anissamen • 300 ml Milch (3,5 % Fett) • ½ TL Zimtpulver
1 EL Kakaopulver (schwach entölt) • Zucker (nach Belieben)

Die Anissamen im Mörser fein zermahlen. Die Milch in einem kleinen Topf erhitzen, Anis, Zimt, Kakao und Zucker unterrühren. Die Milchmischung mit einem Milchaufschäumer oder dem Stabmixer aufschäumen.

TIPP: Anis wirkt milchbildend. Wenn Sie den Geschmack mögen, geben Sie also ruhig etwas mehr davon in den Kakao.

Eine Tasse Tee
zum Stillen und Abstillen

Die meisten Stilltees bestehen aus Fenchel, Anis und Kümmel. Diese Gewürze gehören zur gleichen Pflanzenfamilie und haben ähnliche Aromakomponenten.

Für Milch, gegen Blähungen: kleine Helfer

Die getrockneten Samen des **Gewürzfenchels** schmecken leicht süßlich und erinnern an Lakritz. Fenchel soll Blähungen bei Babys lindern – die wirksamen Inhaltsstoffe werden über die Muttermilch übertragen. Außerdem regt Fenchel, sofern er mit ausreichend Flüssigkeit eingenommen wird, die Milchbildung an. **Anis** wird auch süßer Kümmel genannt; er riecht süßlich und schmeckt würzig frisch. Schon die Ägypter verwendeten Anissamen als Würz- und Heilmittel. Anis wirkt ebenfalls Blähungen entgegen und stimuliert die Milchbildung bei Müttern. **Kümmel** ist eines der ältesten Gewürze, es kam schon in der Steinzeit zum Einsatz. Kümmelsamen schmecken sehr würzig mit einem Hauch Zitrone. Auch Kümmel lindert Blähungen – dafür den Aufguss 5 Minuten ziehen lassen.

TEE MIT VITAMIN C

Orangen-Stilltee

Für 1 große Tasse (350 ml) **je 1 TL Anis-** und **Fenchelsamen** in einem Teesieb in eine Tasse hängen, mit **¼ l kochendem Wasser** übergießen und zugedeckt 10 Minuten ziehen lassen. Inzwischen den Saft von **1 Orange** auspressen. Das Teesieb entfernen, den Orangensaft und **1 Msp. gemahlene Vanille** zum Tee geben und alles verrühren.

Das Ende der Stillbeziehung

Irgendwann kommt die Zeit, da heißt es für Mama und Baby: abstillen! Das Baby braucht immer weniger Milch und mehr feste Nahrung – und die Mama freut sich insgeheim auf ein Stück wiedergewonnene Freiheit, Durchschlafen und ein Gläschen Wein. Zum Reduzieren der Milchproduktion wird Müttern zu Salbei und Minze geraten. Da sie den Milchfluss hemmen, sind die beiden Kräuter in der Stillzeit tabu, doch zum Abstillen sind sie willkommen.

Salbei-Zitronen-Tee

Für 1 Tasse (250 ml) den Saft von ½ **Zitrone** auspressen. **5 Salbeiblätter** in einem Teesieb in eine Tasse hängen, mit **¼ l kochendem Wasser** übergießen und zugedeckt 10 Minuten ziehen lassen. Das Teesieb entfernen. Den Zitronensaft und **1 TL Honig** unter den Tee in der Tasse rühren.

TIPP: Salbei und Minze wirken nicht nur im Tee. Auch Nudeln mit Salbeibutter, Couscous mit Minzjoghurt und weitere Gerichte mit diesen Kräutern helfen beim Abstillen.

Minze-Zitronengras-Tee

Für 1 Tasse (250 ml) **2 Stiele Minze** und ½ **Stängel Zitronengras** waschen, das Zitronengras mit einem Fleischklopfer flach klopfen. Beides in einem Teesieb in eine Tasse hängen, mit **¼ l kochendem Wasser** übergießen und 10 Minuten zugedeckt ziehen lassen. Das Teesieb entfernen. Den Tee nach Belieben mit **1 TL Agavendicksaft** süßen.

STILLEN

Experten empfehlen Muttermilch als beste Nahrung für Säuglinge, denn sie ist in ihrer Zusammensetzung optimal an die Bedürfnisse, den Nährstoffbedarf und das Wachstum des Kindes angepasst. Darüber hinaus unterstützt Stillen die Rückbildung der Gebärmutter und schützt das Baby vor Infektionen und Allergien. Studien haben außerdem gezeigt, dass Stillkinder seltener übergewichtig sind. Und nicht zuletzt fördert Stillen die emotionale Bindung zwischen Mutter und Kind. Denn Ihr Baby ist Ihnen beim Stillen ganz nah, es nimmt Ihren einzigartigen Geruch auf, spürt Ihren Herzschlag, Ihre Haut, Ihre Wärme. Stillen geht über bloße Nahrungsaufnahme hinaus. Sie füttern Ihr Kind nicht nur mit Milch, sondern auch mit Liebe und Geborgenheit.

Es gibt also viele gute Argumente, die für das Stillen sprechen. Selbst wenn Sie nur wenige Male oder Tage stillen, profitiert Ihr Kind davon. Trotzdem können oder wollen nicht alle Frauen stillen. Das ist in Ordnung, für diese Fälle gibt es Säuglings-Pulvernahrung, die mit heißem Wasser angerührt und mit der Flasche gefüttert wird.

Wunder der Natur:

STILLEN

Stillen ist ein Geschenk der Natur, das nahezu jede Mutter wahrnehmen kann, die dies möchte. Ein Kaiserschnitt, eine Frühgeburt, Brustgröße oder die Form der Brustwarzen spielen dabei keine Rolle. Entscheidend ist, dass Sie Unterstützung bekommen, damit es mit dem Stillen klappt.

In den meisten Fällen bekommen Sie Ihr Kind zum Bonding direkt nach der Geburt auf den nackten Bauch gelegt – Haut an Haut können Sie kuscheln und sich kennenlernen. Neugeborene kriechen dann von selbst zur Brustwarze und beginnen zu saugen. Ein faszinierendes Wunder der Natur. Sie können Ihr Baby auch direkt anlegen. Die Milch, die das Baby mit den ersten Mahlzeiten bekommt, ist das sogenannte Kolostrum, die Vormilch. Sie ist dicklich und gelb, enthält wenig Fett, aber viel Eiweiß, Mineralstoffe und Abwehrkörper.

Der Milcheinschuss

Der Milcheinschuss erfolgt in den ersten Tagen nach der Geburt, nach einem Kaiserschnitt kann es auch bis zu fünf Tage dauern. Manche Frauen bemerken den Milcheinschuss gar nicht, andere haben Beschwerden: Die Brust spannt und schmerzt, wenn man sie anfasst. Legen Sie Ihr Baby regelmäßig an. Eigentlich muss Sie daran niemand erinnern, denn wenn die Brust voll ist, wünschen Sie

sich nur eines: Das Baby soll trinken. Je voller die Brust ist, umso kürzer werden Ihre Brustwarzen und Ihr Kind hat Schwierigkeiten, sie zu fassen. Dann hilft es, etwas Druck abzulassen und Ihrem Kind das Fassen der Brustwarze wieder leichter zu machen. Sie können dazu aus der vollen Brust etwas Milch ausmassieren – das geht gut unter der Dusche. Sie hören und spüren, ob Ihr Baby richtig „angedockt" hat, denn dann trinkt es rhythmisch ohne lautes Schmatzen. Ist Ihr Baby satt, lässt es seine Arme hängen, hört auf zu saugen und schläft oftmals direkt ein.

Schmerzende Brüste können Sie vor dem Stillen mit einer warmen Kompresse behandeln, nach dem Stillen helfen kalte Wickel. Wunde Brustwarzen können durch Stillhütchen entlastet werden. Übrigens: Sogar Krankheiten der Mutter wie Windpocken oder Hepatitis A und B stehen dem Stillen nicht im Weg.

Stillen sieht immer so romantisch aus – ein inniger Moment zwischen Mutter und Kind. Das kann es auch sein, wenn man eingespielt, ausgeschlafen und entspannt ist. Ich habe das Glück, dass Stillen bei mir immer gut geklappt hat. Beim zweiten Kind hatte ich allerdings vergessen, wie unangenehm die Anfangszeit ist. Früher haben sich Frauen zur Vorbereitung auf das Kommende mit Stahlbürsten die Brustwarzen aufgeraut. Heute macht man das zum Glück nicht mehr. Ich habe anfangs wunde Brustwarzen bekommen und musste mich zwingen, beide Seiten anzulegen. Irgendwann lief es dann wieder wie geschmiert. Ich bin froh, dass ich durchgehalten und nicht aufgegeben habe. Denn im Alltag ist Stillen eine große Erleichterung. Egal, ob auf dem Spielplatz mit dem Großen oder auf den Stufen der Pariser Notre-Dame, ich konnte mein Kind sofort und unkompliziert versorgen. Dafür bin ich sehr dankbar.

Stillen nach Bedarf

Wie oft muss ich stillen? Und woran merke ich, dass mein Kind satt ist? Diese Fragen beschäftigen viele junge Mütter. In den meisten Fällen meldet sich Ihr Kind, wenn es hungrig ist, und trinkt dann so lange, bis es satt ist. Das heißt „Stillen nach Bedarf" und Sie werden es schnell raushaben. In seltenen Fällen müssen Kinder zum Trinken geweckt werden. Diese Kinder sind häufig schläfrig, apathisch und lassen sich kaum animieren. Nimmt Ihr Kind in den ersten Tagen kontinuierlich ab (ein anfänglicher Gewichtsverlust ist normal, danach sollte das Gewicht wieder steigen), brauchen Sie Hilfe.

Wenn Ihr Kind gut und regelmäßig trinkt, zwischendrin wach und aufmerksam ist und gut zunimmt und wenn Ihre Milchproduktion zuverlässig läuft, brauchen Sie Ihr Baby nicht alle zwei Stunden zum Stillen zu wecken. Wir haben ja auch nicht immer zur gleichen Zeit gleich viel Hunger.

Wie oft muss ich stillen?

Für den Abstand zwischen den Stillmahlzeiten gibt es keine festen Regeln. Im Schnitt reicht es vielen Babys, alle vier Stunden gestillt zu werden, andere brauchen schon nach zwei Stunden wieder die Brust. Das ist jedoch kein Zeichen dafür, dass Ihr Baby nicht satt wird. Vielmehr hat es seinen eigenen Rhythmus, vielleicht gerade einen Wachstumsschub oder trinkt lieber kleine als große Mengen und dafür öfter. Sie merken, dass Ihr Baby nicht satt wird, wenn es unruhig wird und viel weint, nach dem Stillen weiter nach der Brust sucht, die Windeln nur noch selten nass sind und es schlecht zunimmt. Dann benötigen Sie Hilfe und müssen eventuell zufüttern.

Hilft am Anfang: Stillprotokoll

Sie werden schnell ein Gespür dafür bekommen, was Ihr Kind braucht. Manchen Frauen hilft es, anfangs ein Stillprotokoll zu schreiben. Darin halten Sie fest, wann und wie lange Ihr Kind getrunken hat. Auf diese Weise können Sie nachvollziehen, wie viel Milch es etwa

stilldemenz? Davon hörte ich erst, als ich sie hatte. Ich habe einfach alles vergessen. Einmal fragte ich meinen Mann mitten in der Nacht: „Du, wie heißt eigentlich unser anderes Kind?" Während der Still-zeit treffen so viele Dinge aufein-ander, die jongliert werden müssen – Baby, Alltag, Schlafmangel –, da kann so was schon mal passieren. Eine Freundin hat sogar vergessen, dass sie gerade stillte, als der Post-bote klingelte. Sie riss die Tür auf, und er blickte verlegen auf ihren nackten Busen.

REICHT MEINE MILCH?

In den ersten sechs Monaten nehmen Babys im Schnitt 150 bis 200 Gramm wöchentlich zu. Das kann mal mehr und mal weniger sein. Wenn Sie keine Waage haben oder nicht regelmäßig wiegen wollen, erkennen Sie an diesen Zeichen, dass Ihr Baby genug Nahrung bekommt:

• Ihr Baby ist gesund
• Ihr Baby trinkt gerne
• Ihr Baby wächst, die ersten Sachen passen schon nicht mehr
• Ihr Baby kriegt ein rundes Gesicht mit Doppelkinn und setzt am Körper Speck an
• Ihr Baby ist zwischenzeitlich immer wieder wach und zufrieden
• Ihr Baby produziert am Tag etwa sechs bis acht nasse Windeln

trinkt. Das Kind vor und nach jeder Mahlzeit zu wiegen, um genau zu wissen, wie viel es getrunken hat, ist mir persönlich zu aufwendig. Wenn Ihnen das mehr Sicherheit gibt, spricht jedoch nichts gegen diese Methode.

Welche Brust soll ich geben?

Manche Mütter heften sich Bändchen an den BH, um sich zu merken, welche Brust sie zuletzt gegeben haben. Grundsätzlich ist es gut, die Brüste abwechselnd zu geben. Bei manchen Frauen gibt aber nur eine Brust Milch oder eine Brust produziert mehr als die andere. Das sind die Launen der Natur. Daher ist es nicht schlimm, wenn Sie vergessen haben, welche Seite dran war, und eine Brust zweimal hintereinander geben. Sie spüren, welche Brust voller ist und dem Kind

gegeben werden sollte. Sind beide Brüste gleich voll, macht es keinen Unterschied.

Mal wieder ausgehen

Mütter fühlen sich häufig sehr an ihr Baby gefesselt. Denn so sehr sie ihr Kind lieben, so sehr schlaucht es, immer auf Abruf bereitzustehen und alle zwei bis vier Stunden ein Kind zu stillen. Einen Stadtbummel in Ruhe allein, sich abends mit einer Freundin treffen, mit dem Partner mal wieder ins Kino gehen – danach sehnen sich viele stillende Mütter. Zum Glück gibt es für solche Fälle Milchpumpen. Sie können in der Apotheke sowohl eine leihen als auch kleine Handpumpen kaufen. Lassen Sie sich ausführlich beraten. Gute Modelle kosten mehr als zehn Euro, die Pumpen für wenig Geld taugen meist nichts.

Achten Sie darauf, dass das Pumpsystem die Milch direkt in eine Flasche pumpt. Abgepumpte Milch können Sie bis zu 24 Stunden im Kühlschrank aufbewahren. Sie können die Milch auch einfrieren und nach Bedarf auftauen. Dafür gibt es spezielle Muttermilch-Gefrierbeutel. Beschriften Sie sie mit Datum und Milchmenge.

· ⌇⌇⌇ · ⌇⌇⌇ · ⌇⌇⌇ ·

Wenn Sie abgepumpte Milch einige Wochen oder gar Monate später geben, denken Sie daran: Die Zusammensetzung Ihrer Milch hat sich inzwischen an die veränderten Bedürfnisse Ihres Babys angepasst. Dennoch können Sie zwischendurch auch die aufgetaute und aufgewärmte Muttermilch Ihrem nun älteren Baby geben.

· ⌇⌇⌇ · ⌇⌇⌇ · ⌇⌇⌇ ·

Wie lange soll ich stillen?

Experten empfehlen, mindestens vier und höchstens sechs Monate voll zu stillen. Danach sind die Babys alt genug, um mit der Beikost zu beginnen. Muttermilch allein deckt dann auch nicht mehr den Nährstoffbedarf der wachsenden Kinder. Stück für Stück werden ab jetzt also die Still- durch Breimahlzeiten ersetzt. Zu Beginn geben Sie Ihrem Kind etwas Brei und anschließend die Brust, sodass es weniger trinkt und sich die Milchmenge nach und nach langsam reduziert. Ernährungsexperten raten, begleitend weiterzustillen. Grundsätzlich können Sie so lange weiterstillen, wie Sie und Ihr Kind das möchten. Gesundheitlich sinnvoll ist es, Ihrem Kind noch bis zum ersten Lebensjahr zwei bis drei Stillmahlzeiten zu geben.

SO GELINGT DAS ABSTILLEN

Ihre Milchmenge reguliert sich durch Angebot und Nachfrage. Wenn Sie eine Stillmahlzeit durch Brei ersetzen und Ihr Baby dadurch seltener oder kürzer anlegen, verringert sich auch die produzierte Milchmenge. Welche Mahlzeit Sie zuerst ersetzen, bleibt Ihnen überlassen. Die meisten Mütter füttern den ersten Brei mittags und stillen weiterhin morgens und abends. Nach und nach bildet sich das Drüsengewebe in der Brust in den Zustand vor der Geburt zurück. Nehmen Sie sich – wenn Sie können – ausreichend Zeit für ein natürliches, schrittweises Abstillen. Dann treten Komplikationen wie Brustentzündungen oder Milchstau auch deutlich seltener auf.

So können Sie das Abstillen unterstützen:
• Trinken Sie täglich 2 Tassen Salbei- oder Minztee (siehe Seite 117)
• Tragen Sie einen eng anliegenden BH
• Kühlen Sie Ihre Brust
• Massieren Sie Ihre Brust
• Streichen Sie die Brust nur leicht aus

Wenn Sie schnell abstillen müssen oder Probleme damit haben, sprechen Sie mit Ihrem Frauenarzt darüber – er kann Ihnen bei Bedarf auch Medikamente verschreiben oder empfehlen, die beim Abstillen helfen.

Es ist so weit:
BABYS erster Brei

Nach frühestens vier und spätestens sechs Monaten, da sind sich die Experten einig, reicht Muttermilch allein nicht mehr aus. Der Bedarf an Kalzium, Vitamin B_6, Eisen, Zink, Phosphor und Magnesium kann nur über die Muttermilch nicht mehr gedeckt werden. Daher bekommt das Baby nun seinen ersten Löffel Brei. Saugen kann Ihr Baby reflexartig von Geburt an, löffeln muss es dagegen lernen. Deshalb sollte der erste Brei relativ glatt und flüssig sein. Und: Aller Anfang braucht Geduld ...

KEIN PROBLEM: VEGGIE-BREI FÜRS BABY

Aktuelle wissenschaftliche Empfehlungen sehen als ersten Brei einen Gemüse-Kartoffel-Fleisch-Brei vor, um damit die Eisenspeicher des Babys aufzufüllen und den im zweiten Lebenshalbjahr ansteigenden Eisenbedarf zu decken. Doch Sie können Ihr Baby auch vegetarisch füttern. Dann ersetzen Sie das Fleisch durch eisenreiche Alternativen wie Amarant, Hirse und gemahlene Kürbiskerne. Nehmen Sie öfter mal anderes Gemüse und tauschen Sie auch mal das Getreide bzw. die Nüsse und Kerne aus, damit Ihr Kind eine große Vielfalt kennenlernt. Hülsenfrüchte sollten Sie frühestens vier Wochen nach Einführung der Beikost beimischen, da sie für viele Babys schwer verdaulich sind.

Irgendwann kommt die Frage: Pastinake oder Karotte? Gläschen oder selbst gemacht? Egal, wie sie sich entscheiden: Der erste Löffel Brei ist ein besonderer Moment. Das Baby wird unabhängiger, plötzlich kann auch der Papa fürs Essen sorgen. Bei mir löst das jedes Mal eine Mischung aus Euphorie (juhu, ich kann mal wieder ein paar Stunden allein was unternehmen) und Wehmut aus: Jetzt bist du schon so groß, du kamst doch eben erst aus meinem Bauch.

Ran an den Löffel mit buntem
BREI-ERLEI

Dreierlei Brei

Die Milchmahlzeiten werden nach und nach durch Brei ersetzt. Wenn Ihr Baby den Gemüsebrei (siehe Seite 130) gut annimmt, führen Sie vier Wochen später den Getreide-Milch-Brei (20 g Instant-Getreideflocken, 200 ml pasteurisierte Vollmilch, 20 g Obst oder Obstsaft) ein; frühestens mit Beginn des 6. Monats dann den Getreide-Obst-Brei (20 g Instant-Getreideflocken, 50 ml Wasser, 100 g weiches Obst oder Obstpüree und 1 EL gemahlene Nüsse oder Nussmus). Dazu gibt es Wasser aus einem Becher.

Baby-led Weaning

Die vom Baby selbstbestimmte Beikosteinführung ist ein Konzept, das für Furore gesorgt hat. Babys bekommen demnach keinen Brei mehr, sondern grobstückige Lebensmittel, die sie selbst halten und sich in den Mund stecken können (Fingerfood). Der Vorteil: Das Kind lernt ein Lebensmittel mit allen Sinnen kennen. Der Nachteil: Es kommen nur Lebensmittel mit einer geringen Energiedichte als Fingerfood infrage. Damit kann eine ausreichende Nährstoffversorgung nicht sichergestellt werden.

Löffel für Löffel

Verlieren Sie nicht den Mut, wenn nicht alles so klappt, wie Sie sich das vorstellen. Manchmal verweigern Kinder den Löffel, weil sie zahnen oder andere Schmerzen haben. Arbeiten Sie keinesfalls mit Zwang. Die beste Grundlage, die Sie Ihrem Kind mitgeben können, ist eine liebevolle und entspannte Atmosphäre am Tisch. Suchen Sie Blickkontakt, reden Sie mit Ihrem Kind und gehen Sie auf seine Signale ein.

Zum Start: Gemüse
Löffelweise Gesundes

Brei-Wissen

Breie für Veggie-Babys sollten immer Eiweiß, Eisen, Vitamin C und etwas Fett enthalten. Hier bekommen Sie ein Grundrezept, das Sie nach Belieben abwandeln können, und dazu noch zwei Varianten. Die Breie reichen je nach Alter und Appetit Ihres Kindes für ein bis zwei Mahlzeiten. Sie können den Brei 1 Tag im Kühlschrank aufbewahren, sollten ihn jedoch maximal einmal aufwärmen.

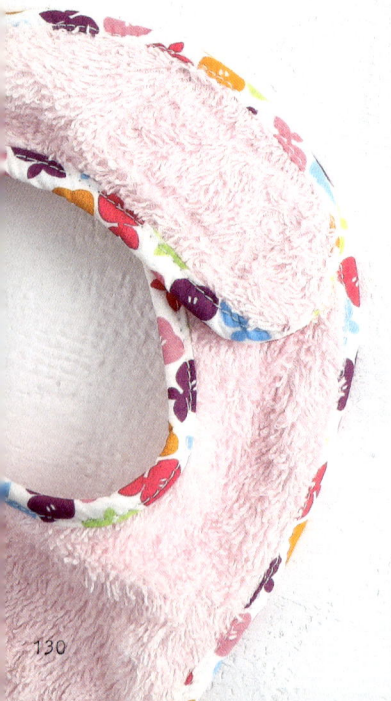

Basis-Gemüsebrei

1 Kartoffel (ca. 100 g) und **½ Möhre** (ca. 50 g) schälen und beides in kleine Würfel schneiden. Mit **120 ml Wasser** und **1 EL Instant-Hirseflocken** (Hirse-Getreidebrei) in einem Topf aufkochen und zugedeckt 10 bis 15 Minuten weich garen. Mit dem Stabmixer fein pürieren. **1 EL Rapsöl, 2 EL Orangen-oder Apfelsaft** (Direktsaft) und **½ TL gemahlene Kürbiskerne** unterrühren.

TIPP: Wenn Ihr Kind eine flüssigere Konsistenz lieber mag, fügen Sie noch etwas Wasser hinzu. Mag es lieber festen Brei, reduzieren Sie die Flüssigkeitsmenge beim Gemüsekochen etwas.

Zucchini-Hafer-Brei

1 Zucchini (ca. 150 g) waschen und klein würfeln. **Mit 150 ml Wasser** in einem Topf aufkochen und zugedeckt 5 bis 10 Minuten weich garen. Dann alles mit dem Stabmixer fein pürieren, **1 EL Instant-Haferflocken** (Schmelzflocken oder Hafer-Getreidebrei), **1 EL Rapsöl** und **2 EL Orangen- oder Apfelsaft** (Direktsaft) unterrühren. Den Brei eventuell mit etwas Wasser verdünnen.

TIPP: Warum Saft im Brei? Ganz einfach: Durch das enthaltene Vitamin C kann der Körper Ihres Babys das Eisen aus Getreide und Gemüse besser verwerten.

BUNT UND GESUND

Süßkartoffel-Paprika-Brei

1 Süßkartoffel (ca. 100 g) schälen und klein würfeln. **½ rote Paprikaschote** (ca. 75 g) entkernen, waschen und ebenfalls würfeln. Beides in einem Topf mit **150 ml Wasser** aufkochen und zugedeckt 10 bis 15 Minuten weich garen. Dann alles mit dem Stabmixer fein pürieren und **1 EL weißes Tahin** (Sesammus) unterrühren. Eventuell mit etwas Wasser verdünnen.

Der Brei-Baukasten

Gemüse oder Obst gehören in jeden Brei, dazu kommen dann:

Getreide: z. B. Dinkelgrieß oder -flocken, Haferflocken, Hirseflocken
Versorgt Ihr Baby mit: u. a. Eisen, Eiweiß, Zink und Kalzium

Gemahlene Nüsse: z. B. Haselnüsse, Kürbiskerne, Walnüsse, Mandel- und Sesammus (Tahin)
Versorgen Ihr Baby mit: u. a. Eisen, Zink, essenziellen Fettsäuren und Vitaminen (A, E, B$_6$)

Hülsenfrüchte: z. B. Kichererbsen, Linsen (frühestens 4 Wochen nach Einführung der Beikost)
Versorgen Ihr Baby mit: u. a. Eiweiß und Vitaminen (A, E, B$_6$)

SCHMECKT
AUCH MAMA

GETREIDE-MILCH-BREI

Für 1 Portion • Zubereitung: 5 Min.

1 Orange • 200 ml pasteurisierte Vollmilch
1–2 EL Instant-Hirseflocken (Hirse-Getreidebrei)

Die Orange halbieren und auspressen. Die Milch mit den Flocken in einem Topf einmal aufkochen und dann 1 bis 2 Minuten (nach Packungsanweisung) kochen lassen.

Den Brei mit dem Orangensaft mischen und entweder in eine Flasche mit Breisauger füllen oder mit dem Löffel füttern.

TIPP: Durch das Vermischen mit dem Orangensaft kühlt der gekochte Brei schon ab. Überprüfen Sie vor dem Füttern dennoch unbedingt, ob er die richtige Temperatur hat.

GETREIDE-OBST-BREI

Für 1 Portion • Zubereitung: 15 Min.

1 Bio-Apfel • 20 g Instant-Haferflocken (Hafer-Getreidebrei)
1 EL gemahlene Haselnüsse

Den Apfel unter fließendem heißem Wasser gründlich waschen. Anschließend vierteln und das Kerngehäuse entfernen. Die Apfelviertel in kleine Würfel schneiden.

Apfelstückchen mit 150 ml Wasser in einem Topf aufkochen und zugedeckt etwa 10 Minuten köcheln lassen, bis der Apfel weich ist. Hafer-Getreidebrei und Nüsse unterrühren und den Brei eventuell mit Wasser verdünnen. Vor dem Füttern abkühlen lassen.

Ein Löffel für dich,
EIN LÖFFEL für ...

Je mehr Sie beim Breikochen variieren, je mehr profitiert Ihr Kind davon. Die Regeln auf Seite 129 und die Anregungen im Brei-Baukasten (siehe Seite 131) helfen Ihnen, beim Schnippeln und Pürieren kreativ zu werden. Hier können Sie notieren, was Ihrem Baby besonders gut geschmeckt hat.

Babys Lieblingsbrei:

....

....

....

....

....

....

....

....

STILLZEIT

Das hat auch sehr gut geschmeckt:

....

....

....

....

....

....

....

Das war eine tolle Abwechslung:

....

....

....

....

....

....

....

....

SACHREGISTER

REZEPTREGISTER

A

Impressum

© 2017 ZS Verlag GmbH
Kaiserstraße 14b
D-80801 München

ISBN 978-3-89883-644-9
1. Auflage 2017

Projektleitung: Kathrin Ullerich
Rezepte und Texte: Sarah Schocke
Lektorat: Karin Kerber
Grafische Gestaltung: Ronja Bernhardt
Satz: Julia Arzberger, Catharina Burmester
Foodfotografie: Anke Schütz
Foodstyling: Diane Dittmer
Fotoassistenz: Tania Schultz, Kirsten Petersen
Illustrationen: Shutterstock
Herstellung: Frank Jansen
Producing: Jan Russok
Druck & Bindung: Lanarepro, I-Lana

Die ZS Verlag GmbH ist ein Unternehmen
der Edel AG, Hamburg.
www.zsverlag.de |
www.facebook.com/zsverlag

Bildnachweis
Getty Images: S. 118, 123, 124
iStock: S. 64/65
Plainpicture: S. 126/127
Sarah Schocke (privat): S. 4
Stockfood/Anke Schütz: S. 109, 129, 132
Stocksy: Cover unten, S. 6/7, 136/137
Alle anderen Fotos: Anke Schütz

Wichtiger Hinweis
Die Ratschläge in diesem Buch wurden mit größter Sorgfalt von Autor und Verlag erarbeitet und geprüft. Eine Garantie kann jedoch nicht übernommen werden. Ebenso ist eine Haftung des Autors bzw. des Verlags und seiner Beauftragen für Personen-, Sach- oder Vermögensschäden ausgeschlossen. Erkrankungen mit ernstem Hintergrund gehören in ärztliche Behandlung! Bei bereits bestehenden Beschwerden kann das Buch daher keinen fachärztlichen Rat ersetzen.